令和版

山形「いい川」渓流
ヤマメ・イワナ釣り場

つり人社書籍編集部　編

つり人社

目次

●山形県

最上川水系

角川 6
鹿の沢川 12
長倉川 16
濁沢川 20
泉田川 24
朝日川 28
野川（置賜野川） 32
白川（置賜白川） 36
大樽川 40
小樽川 44

赤川水系

東大鳥川 48
東沢 52
湯井俣川 56
八久和川 60

荒川水系

荒川 66
金目川 70
横川 74

●新潟県

三面川水系

泥又川 78

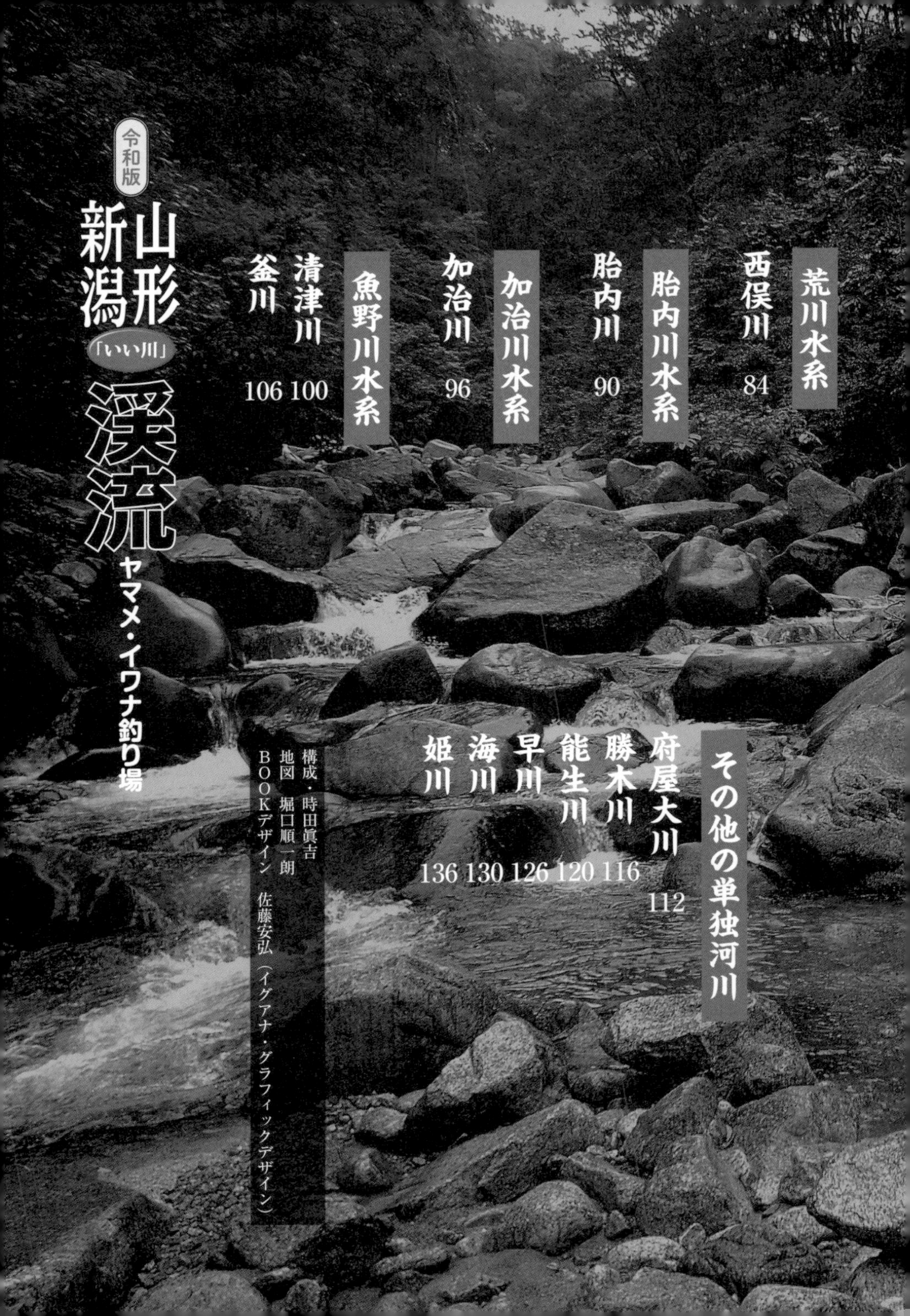

荒川水系
西俣川 84
胎内川水系
胎内川 90
加治川水系
加治川 96
魚野川水系
清津川 100
釜川 106
その他の単独河川
府屋大川 112
勝木川 116
能生川 120
早川 126
海川 130
姫川 136

令和版 山形 新潟「いい川」渓流 ヤマメ・イワナ釣り場

構成・時田眞吉
地図 堀口順一朗
BOOKデザイン 佐藤安弘（イグアナ・グラフィックデザイン）

はじめに―本書について

本書は釣り人による、釣り人のための渓流釣り場ガイドブックです。エサ、ルアー、テンカラ、フライとスタイルを問わず、渓流釣りと自然を愛する方々にご協力をいただき、一冊にまとめました。末永く渓流釣りを楽しめるように、ルールを守り節度のある釣りを心がけましょう。なお今回の「令和版」収載河川は、前作と同一のものも含めて新たに取材をしております。

【釣り場】 一般的な渓流、本流のほか、最終集落以遠の源流域も含みます。本文解説や写真から己の技量に適した河川を選び、安全な釣行を心がけてください。

【対象魚】 ヤマメ、アマゴ、イワナのほか、ニジマス等の記述もあります。

【情報】 本文、インフォメーション等の各情報は、基本的に2020年10月までのものです。現状を保証するものではなく、解禁期間、遊漁料、漁業協同組合、釣具店、遊漁券取扱所等の各情報は、その後変更されている可能性があります（解禁日が「第●土曜」等で設定されている場合、年によって日にちが変わります）。同様に、釣り場の状況も同じとは限りません。釣行の際は必ず事前に現地の最新情報をご確認ください。また、現地で本書に記載外の禁漁・禁止行為等を示す標識などがあった場合にはその指示を遵守してください。

【地図】 各河川にはアクセス図と釣り場河川図を掲載しました（縮尺は一定ではありません）。アクセス図の交通は、基本的に最寄りの高速道路ICを基点にしています。河川図は基本的に北を上に製作していますが、異なる場合もあります。アクセス図、河川図とも東西南北は方位記号をご参照ください。また、地図上に記された駐車スペースの多くは、本文内の記述と合わせて、あくまで1つの目安としてお考えください。

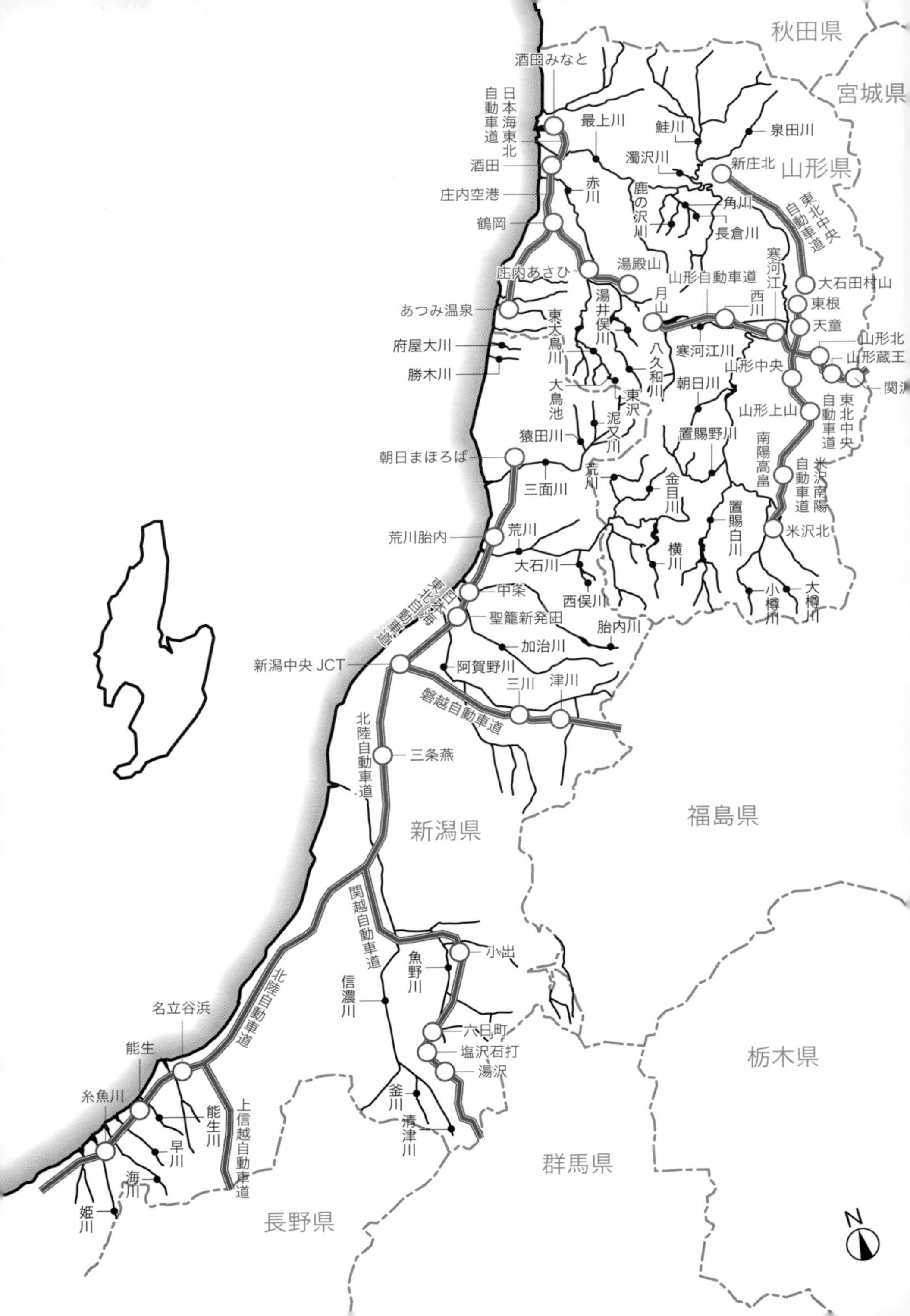
秋田県
宮城県
山形県
酒田みなと
日本海東北自動車道
最上川
鮭川
泉田川
酒田
濁沢川
新庄北
庄内空港
赤川
鹿の沢川
角川
長倉川
東北中央自動車道
鶴岡
寒河江
庄内あさひ
湯殿山
山形自動車道
大石田村山
東根
湯井俣川
月山
西川
天童
あつみ温泉
東大鳥川
八久和川
寒河江川
山形北
府屋大川
山形中央
山形蔵王
勝木川
関沢
大鳥池
東沢
朝日川
泥又川
山形上山
東北中央自動車道
置賜野川
猿田川
南陽高畠
朝日まほろば
米沢南陽自動車道
荒川
三面川
金目川
置賜白川
荒川胎内
荒川
米沢北
横川
大石川
中条
西俣川
小樽川
大樽川
日本海東北自動車道
聖籠新発田
胎内川
加治川
新潟中央 JCT
阿賀野川
三川
津川
磐越自動車道
北陸自動車道
三条燕
新潟県
福島県
関越自動車道
小出
魚野川
信濃川
六日町
塩沢石打
湯沢
栃木県
名立谷浜
能生
北陸自動車道
糸魚川
能生川
上信越自動車道
釜川
清津川
早川
群馬県
海川
姫川
長野県
N

最上川水系

角《つ》川《の》

源流志向のエサ釣りから本流大ものねらいまで多彩なフィールドが多くの釣り人を引き付ける

沢内川の出合付近の渓相。右側からの流れ込みが沢内川となる

角川は山形県北部、最上地方に位置する戸沢村を流れる河川である。山形県北部、宮城県、秋田県からの利便性もよく、釣りに限らずさまざまなフィールドワークを楽しめる所でもある。

早春の雪代、梅雨時の長雨は水源となる山の天候が麓の河川に影響を与えるため、奥羽山系の全河川が増水ということも珍しくない。そのような時にこそお試し頂きたいのが角川だ。水源は奥羽山系とは真逆、日本海側である庄内地方の山に属し、角川へ注ぐ支流は村内の山々に独立して発するため、同じ山形県内とはいえ天候、河川のコンディションも異なる場合がある。もちろん、逆にこちらが悪条件というパターンもあるのだが、河川を選定する参考にして頂きたい。

●源流から本流まで多彩なステージ

角川は本流、渓流、源流部と多彩なステージを一挙に楽しめるのが最大の魅力である。エサ、テンカラ、フライ、ルアーとさまざまな釣りのスタイルも受け入れてくれる。

information

●河川名　最上川水系角川
●釣り場位置　山形県最上郡戸沢村
●主な対象魚　イワナ、ヤマメ、サクラマス
●解禁期間　4月1日～9月30日
●遊漁料　日釣券1500円・年券7200円
●管轄漁協　最北中部漁業協同組合（Tel0233-22-1176）
●最寄の遊漁券取扱所　ファミリーマート最上戸沢店（Tel0233-72-9032）
●交通　山形自動車道・鶴岡IC下車。国道345、47号を経由し県道57号で各釣り場へ

源流好みのエサ釣りと本流大ものねらいのルアーマンのコンビで来ても、ここならば楽しめると思う。さらにはお子様から大人、ビギナーからエキスパートまでということも加えたい。昨今、動画サイトでも見られるように釣り人気が過熱しており、私の周辺でも「こんなに釣り人いたかな?」と思うほど釣り場がにぎわっている。そこで家族連れや渓流を始めたばかりの方にも向けたポイントも含めて、角川全域から抜粋して紹介する。

●最上川合流～三ツ沢川出合手前

国道47号・古口地内の交差点から県道57号に進路を向ける。川に架かるJRの鉄橋下は河原で最上川との出合を望める。ここが釣りのスタート地点となる。平成版で紹介した時にはこの鉄橋下も水深があり好ポイントだったが、豪雨の影響もあり、現在の装いといえばアユが釣れそうな好ポイントといったところだ。角川はアユの名所でもあり盛期には人が立ち並ぶほどである。川の攻略法だが、長い流域全体に渓流魚のポイントとアユのポイントが混在するため徒歩による釣り上がりでは網羅できない。車、バイクなどの移動手段を用いてお好みのポイントに停めて釣りをするという手段が最も効率的だ。幸い道路は川と並行するように走っている。すぐにお好みのポイントが目に飛び込んでくるかもしれない。

下流～中流のアユのポイントと重なるエリアは、サクラマスねらいのルアーマンならば高揚するのではないだろうか。一見だらだらとした緩やかな流れの印象を受けるが、本流ルアーマンなら見逃さないポイントがあるはずである。

角川の特徴の1つに、岸際の多くが柳の木で覆われていることが挙げられる。サクラマスにはこの際がポイントになるだろう。そこが急深の淵なら大ものの雰囲気が漂う。

目に見えるポイントとしては。ＪＲ鉄橋下をくぐり抜けてほどなく左手に川へ架かる橋が現われる。角川地区に入り車1台が通れる幅で、農作業用のため渡らないほうがよい。橋付近の路肩に大きなスペースが数箇所あり駐車できるが、農道をふさがないように注意したい。このエリアは川が山肌に接近し、流れに変化をもたらしている場所が多い。急深だったり底が一枚岩盤であったり、海でよく見る三角の消波ブロックもある。県道側の河原浸食を防ぐものだが、これもアク

最下流部に架かるＪＲの鉄橋下。最上川との出合付近だ

堰根橋付近の流れ。一見だらだらとした緩やかな流れだが、サクラマスが潜む

堰根橋より上流を望む。山肌に流れが接近し変化のある渓相を見せる

堰根橋から三ツ沢川出合の中間にある消波ブロックの入った淵を望む

セントとなり魚が付いていたりする。

このエリアのおすすめの時期は5月から梅雨真っただ中の6月。7月になるとアユの好ポイントにもなる。

●三ッ沢川出合～鹿の沢川出合

少し上流に上ると比較的大きな支流・三ッ沢川の橋を渡る。三ッ沢川との出合も好ポイントで足場もよくおすすめだ。

本流の水温が温み出す時期は支流との出合を探るのもまた効果的である。三ッ沢川との出合のすぐ上流には芦名沢も流れ込む。小さい沢だが冷たく盛夏にイワナが逃げ込んでいることもあり、時期がマッチすれば出合がポイントとなる。

その上流に位置する中沢川を渡る。また支流のポイントだが角川はとにかく長いので支流も豊富だ。角川の名称の由来は、龍が落とした角との説がある。空想の神獣だがあの枝分かれした角を思えば、支流の多さも納得だ。

本流に戻り、中沢川を渡ってすぐに角川本流に架かる稲村橋を渡る。橋の下流側に堰堤が見える。いかにも魚が溜まりそうなこのような堰堤も角川の代表的なポイントだ。稲村橋周りでは上流の淵も目を引く。岩石の山肌に流れが当たり深い淵を形成した流れの内側は穏やかな河原で、ウエーダーなしでも楽に川に接近できる。本格的な装備のない方にも優し

稲村橋とその下流の堰堤を望む。角川の代表的なポイントだ

稲村橋上流の淵を望む。ウエーダーなしでも楽に川に接近できる場所だ

鹿の沢川との出合付近の渓相。堰堤があり探りがいのあるポイントだ

旧角川小中学校先の登り坂上から下流側を望む

いポイントだ。私も子どもの頃に仲間とよく通った場所である。今の子どもたちにも楽しんでもらいたい。

　この淵の次には、友釣りをする父と仲間が昔から「こやま堰堤」と呼ぶ堰堤がある。写真奥が本流で手前は魚道と全幅に渡り水深がある。遡上する魚が一休みする格好の場所だ。川岸の護岸、水門付近に階段が設けられており楽に川に接近できる。この淵も堰堤は本流域なので先の下流の紹介同様にアユシーズン前がおすすめだ。

こやま堰堤。遡上する魚が一休みする格好のスポット

上流部にある釣り堀跡地付近の渓相。魚影の多い流れだ

　その上流は鹿の沢川出合。ここにも面白い造りの堰堤があり、複合的要素が絡んだ探りがいのある場所だ。

●県道57号分岐以遠

　さらに上流に向けて県道を走り角川郵便局を過ぎた辺りに右側へ分岐する道路がある。ここで右折しさらに上流部を目差す。右折してすぐのポイントとしては、旧角川小中学校裏から下流の沢内川との出合にある堰堤など。沢内川も冷水温であり晩春以降はチェックしておきたいポイントだ。

　旧角川小中学校からさらに上流へ向かうと道路が急な登り勾配になり川が眼下に見える。上り坂の途中に路肩が広いスペースがあるので車を停め川の様子を観察すると、今まであったトロ場、淵、堰堤は少なくなり、浅い瀬が目立つ風景が広がる。川幅も急に狭くなりこれこそ渓流釣り場といった雰囲気だ。この一帯はウエーディングで釣り上がるスタイルが最も面白い。この場所が好みであれば戻って田代橋を渡る川沿いの道があるので、

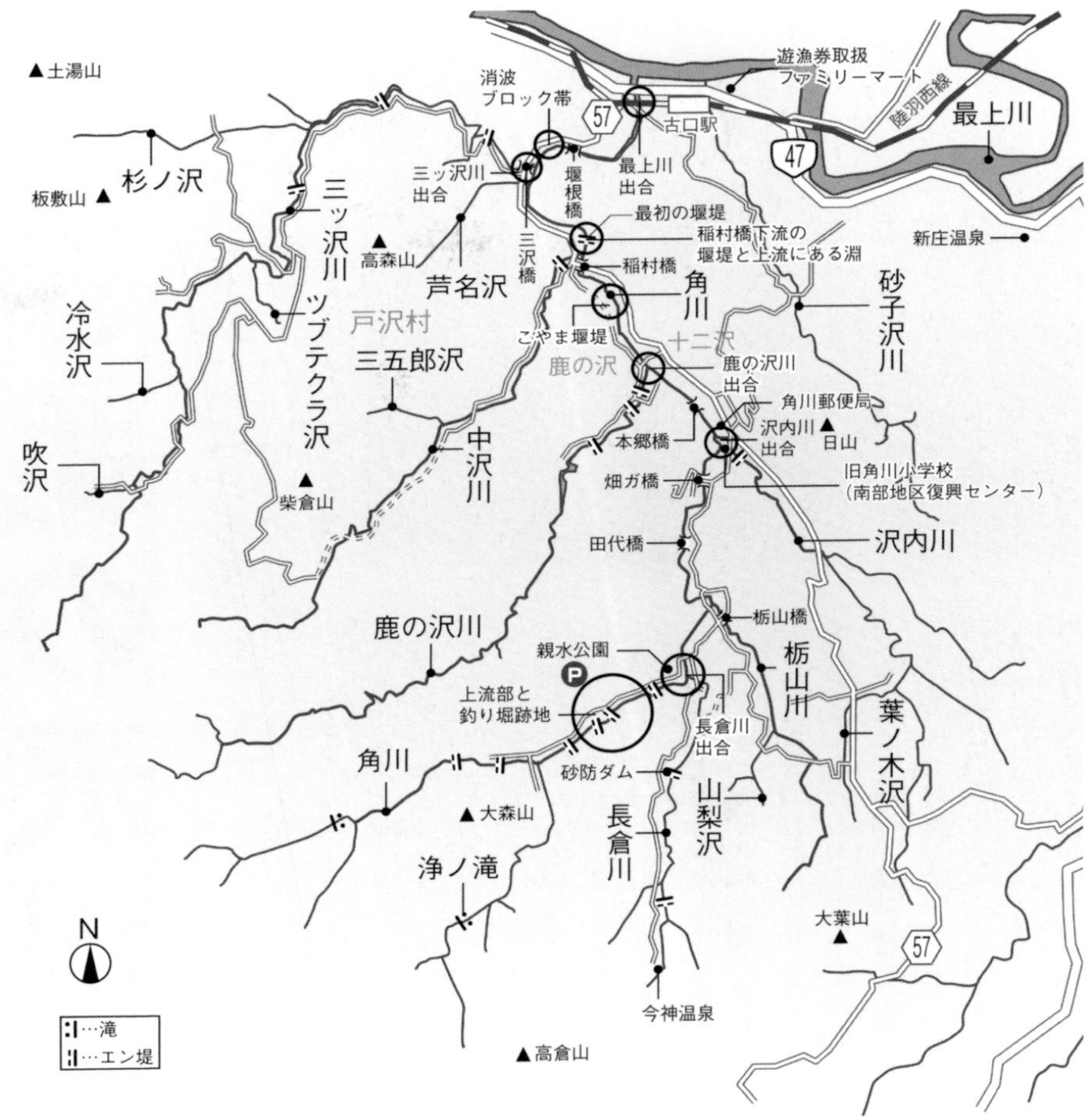

そちらを利用するとよい。ただし角川上流部の道路とは合流しない行き止まりになるため注意。

その上流部が今回の最後の紹介エリアとなる、長倉川出合から釣り堀（現在休業）の少し上流にある砂防提まで。非常に短い区間だが、下流域の魚が遡上できるのはこの砂防提までのため魚影は多い。そのぶん釣り人も多いが、仕掛けを工夫してぜひ1投してほしい。駐車スペースは元釣り堀跡地を毎回お借りしている。徒歩で長倉川まで戻り、堰堤下まで釣り上がるのが毎度のスタイルだ。特にドライフライが好調になる5月くらいが面白い。時折り現われる淵や堰堤下では多数のライズが見られる。

最後に、この砂防堰の上流部にも林道が続いているがあえてお勧めはしない。執筆にあたり釣行した際も水害で道路が崩落しており断念した。紹介したエリアまでであれば事故なく楽しめると思う。さらなる釣果、未踏の地への冒険は復旧を待ってもよいのではないかと思う。

（矢作）

巨大な一枚岩盤が作り出したポイント。鹿の沢川の代表的なポイントだ

最上川水系
角川支流

鹿《か》の沢《さわ》川

**手軽に釣り上がっていける水質のよい小渓
河畔林が発達した渓相。短時間の釣りでも満足度は高い**

山形県北部、最上地方・戸沢村を流れる鹿の沢川の水源は月山山系の深山までさかのぼり、角川支流群のなかでも冷水である。かつては上水道取水源の1つを担っていたことから水質のよさがうかがえる。

アユ釣りでも人気の規模の大きな本流に対して、こちらは手軽に渓流の雰囲気を味わえる。角川上流部を目差して走ると、国道47号の分岐から10分ほどで、特に目立った案内看板もなく大変分かりにくいのだが、道路左側に滝の下地区のバス停、右手には食品会社があり社屋隣の狭い道路に右折する。ここが鹿の沢地区と川へ通じる道である。県道から分岐した道路を進むと角川に架かる橋が現われると同時に、角川でも紹介した角川出合と堰堤が橋の上手に見えてくる。ここも温かい角川と冷たい鹿の沢川のコントラストが好ポイントとなり魚が多く集まる。ここを探って上流部へ釣り上がるのもよい。田んぼ沿いの砂利道は農道なので、橋を渡り集落が切れたところにスペースを捜して駐車したい。

●散策気分で味わえる渓流

鹿の沢橋を渡ると民家が見える。道なりに山側へ向かう道路が上流部へ続く道だ。左手に鹿の沢川、両側に民家を見ながら進んで行くと、最後の右手の民家の先から道路がつぎはぎの舗装になる。同時に左手に堰堤が見え、手前に用水路がある特徴的な構造なので目印になる。ここからの駐車スペースは、林道をふさがず道幅の広いところを見つけるが、鹿の沢川橋から徒歩でも時間はかからない。

この堰堤を入渓点とした下流部のお手軽な釣り上がりコースを紹介したい。水量が少ない時期は足を取られるような流速もなく、分かりにくい急深もないので、

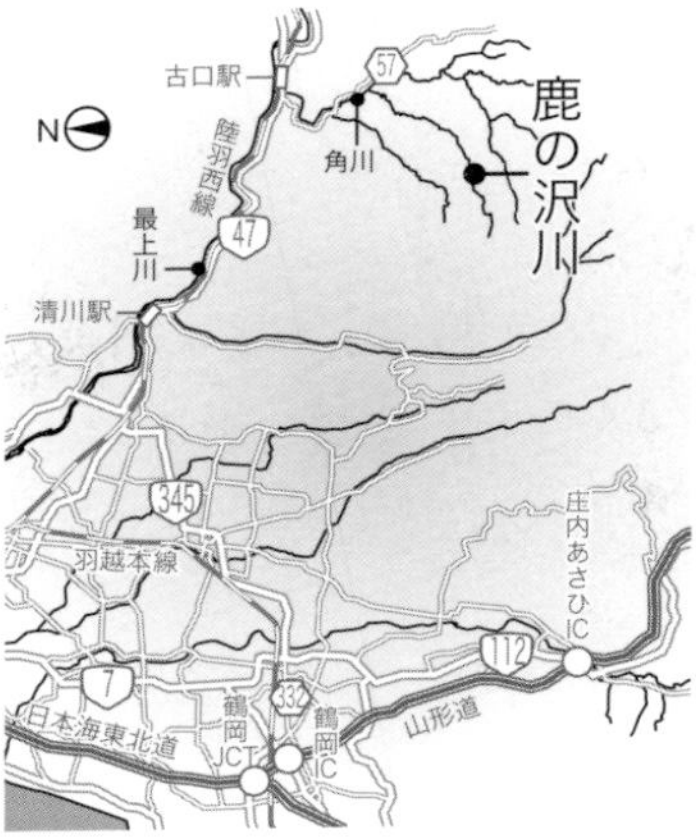

鹿の沢橋下より角川を望む。鹿の沢地区の入口となる

山奥の遡行に不慣れな方にも安心してお勧めできる。もちろんウエーディングが前提のため足元の装備はしっかり準備しておきたい。

スタート地点の堰堤は川幅、水深、魚の隠れる岩などの条件が申し分なく、雪代が落ち着く盛期の5月頃はよく魚が入っている。ただし目立つポイントなので先客がいないことを祈りたい。エサ釣りなら長ザオのメリットを活かして遠距離から探りを入れられる。フライ、テンカラでは、カゲロウが羽化するシーズンはここでイブニングライズをねらうのも面白い。堰堤付近には道路との高低差が少ない場所があるのでそこから川辺に立てる。

滑り台のようななだらかな堰堤なのでそのまま釣り上がるのも問題ないが、増水で難しい時は上流の川歩きも困難なので中断する判断基準にして頂きたい。その場合は林道を散策し安全に釣りができる場所をピンポイントで見つけて釣るスタイルに変更しよう。

堰堤上流部を歩く。しばらくは岩などの障害物もない長い廊下のような流れ。さらに進むと大岩や深場と浅瀬が複雑に混じった渓流風景となる。この下流域の特徴としては、比較的浅場が多い。春のように魚の活性が高く広範囲に散らばっている季節は、ドライフライで釣り上がるのに最適なポイントが続く。そうかと思えば大きな岩盤帯の淵のような水深のあるポイントもある。エサ釣りやルアー、ウエットフライなど水中での勝負が優位となるポイントも混じる。メインロッドとは別に、他ジャンルのパックロッドを携行して渓流釣りを楽しむのも新鮮である。

information

●河川名　最上川水系角川支流
　鹿の沢川
●釣り場位置　山形県最上郡戸沢村
●主な対象魚　イワナ
●解禁期間　4月1日～9月30日
●遊漁料　日釣券1500円・
　年券7200円
●管轄漁協　最北中部漁業協同組合
　（Tel0233-22-1176）
●最寄の遊漁券取扱所　ファミリーマート最上戸沢店（Tel0233-72-9032）
●交通　山形自動車道・鶴岡IC下車。国道345、47号を経由して県道57号に入り滝の下地区より鹿の沢地区へ

林道入口の堰堤。魚が溜まっている時期には、ここから川へ降りて釣り上がるのもよい

鹿の沢地区の民家を過ぎこの先から林道となる。左手に鹿の沢を望みながら走る

退渓点の橋より上流を望む。好ポイントが続くが切り立った崖となり過酷さが増す

岩盤質の山肌に水流が当たり淵が作り出されたポイント

遡行を進めると頭上に川に架かる橋が見え、ここが最も深場である。この場所はぜひ強力にアピールできるルアーフィッシングでねらいたい。木々が覆いかぶさり日陰となっている好条件のポイントで、両側切り立った崖に挟まれた流れは深く足が立たず、それが上流に続いている。川通しは不可能なので、ここを最後のポイントとしたい。

退渓は対岸が林道になっているので、浅場を見つけて川を渡り傾斜の緩い山肌を登る。安全には注意して頂きたい。帰りは林道を歩いて下ると意外なほど早く着く。入渓した堰堤まで5分とかからないのではないかと思う。フライやルアーでテンポよく釣り上がると1時間弱で終わるかもしれないコースだが、山の日没は意外に早い。不慣れな山奥で夕マヅメを迎えるのは不安がある。無理に山深く分け入らず、日没前の好機を安全に下流域のこの渓で釣るのもお勧めだ。（矢作）

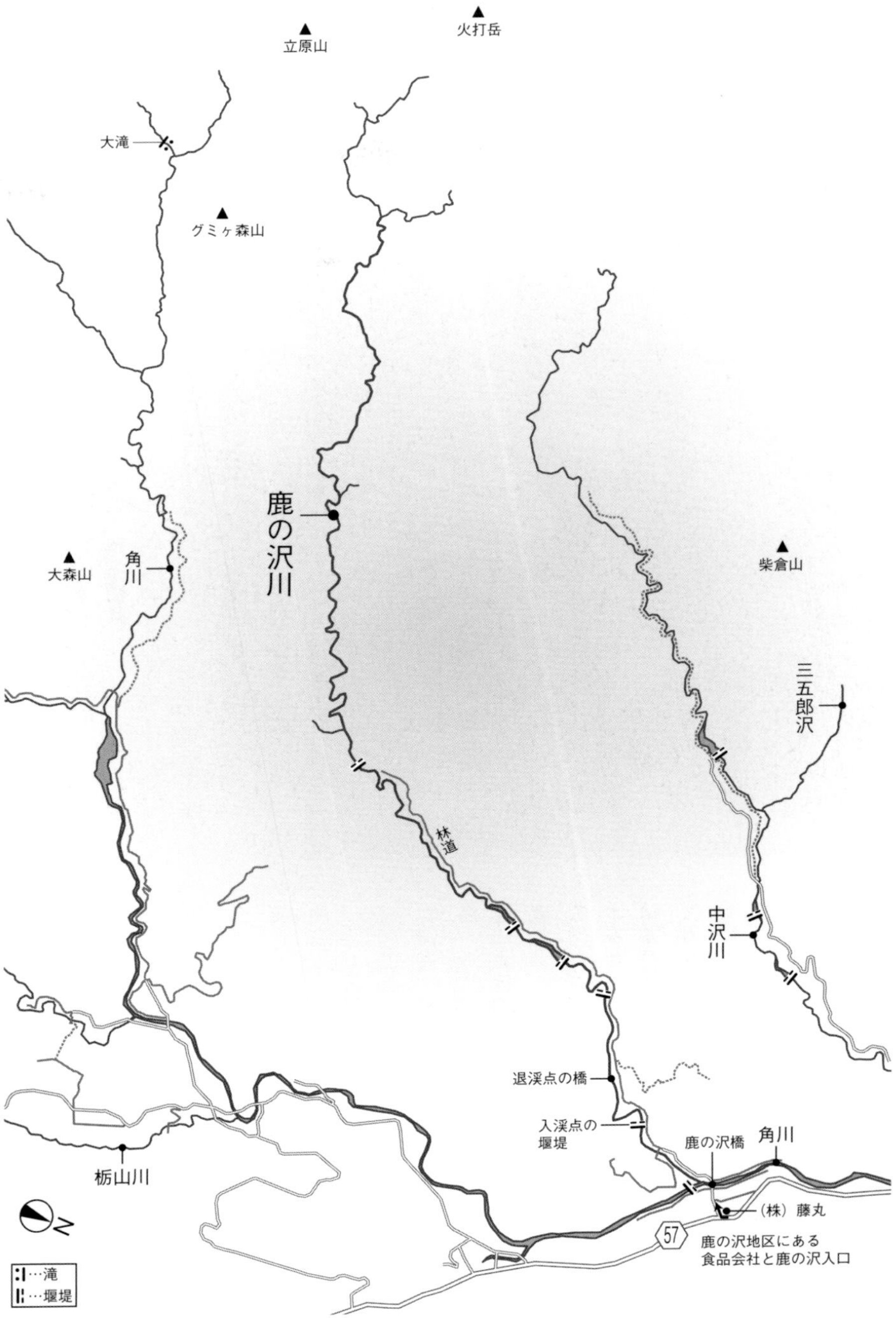

火打岳
立原山
大滝
グミヶ森山
鹿の沢川
大森山
角川
柴倉山
三五郎沢
林道
中沢川
退渓点の橋
入渓点の堰堤
鹿の沢橋
角川
栃山川
(株) 藤丸
57
鹿の沢地区にある食品会社と鹿の沢入口
N
…滝
…堰堤

最上川水系
角川支流

長《なが》倉《くら》川

県道57号で銅山川へもアクセス容易
釣行の際は数日前までの天候や水況も考慮したい

自然の岩と崩落した護岸に引っかかった流木という複合ポイント。鉄砲水を引き起こす原因なので、天候も常に留意しながら安全に楽しんでいただきたい

長倉川は山形県北部、最上地方・戸沢村を流れる角川の支流に属する。角川最下流部である最上川出合から、別項で紹介した角川上流エリアのポイントまでは走行距離15㎞ほどだが、曲がりくねった狭い道で、安全速度で向かうと30分近くかかる。本項の長倉川もそうなのだが、角川水系上流域に釣行する際の注意点を先に記しておきたい。

悪天候等で角川上流水系のコンディションが悪い時は、行きと同じ時間をかけて国道に戻り別の河川へ向かうことになる。その場合、県道57号を利用して戸沢村に隣接する大蔵村へ抜ければ銅山川が流れている。管轄漁協も角川と同じである。ただ、水源はどちらも月山山系に発するため水況は同じであることが多い。事実、河川規模や雪代や渇水など、季節によるコンディションもそっくりで、悪天候下での角川から銅山川への移動はイチかバチかとなる。

もう一点は、豊富な支流を抱える角川では、本流が濁った際に逃げ込んだ支流が本流以上に濁っていることが多々ある。

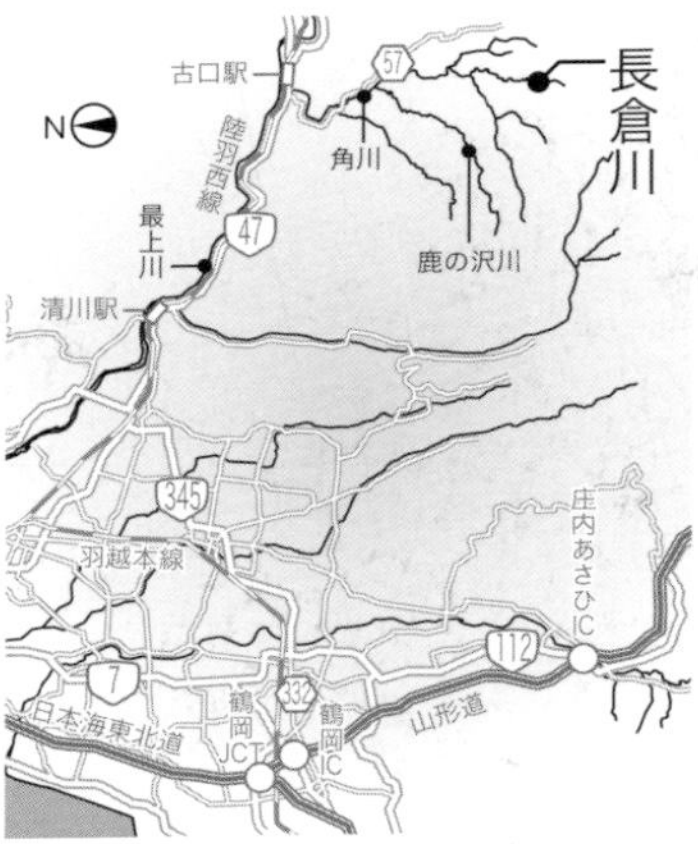

information

●河川名　最上川水系角川支流長倉川
●釣り場位置　山形県最上郡戸沢村
●主な対象魚　イワナ
●解禁期間　4月1日～9月30日
●遊漁料　日釣券1500円・年券7200円
●管轄漁協　最北中部漁業協同組合（Tel0233-22-1176）
●最寄の遊漁券取扱所　ファミリーマート最上戸沢店（Tel0233-72-9032）
●交通　山形自動車道・鶴岡IC下車。国道345、47号を経由して県道57号に入り本郷地区より今熊野神社方面の長倉地区へ

これは昔からある砂防堰堤にたまった細かい粒子の泥や砂が押し流されることによる影響である。さらに大きいのが、見えないところで発生する鉄砲水だ。角川水系上流部で最後の支流である長倉川だが、コンディションは行ってみるまで分からない。そのことも考慮に入れて釣りを楽しんで頂きたい。

●天に昇ろうとした竜の伝説も残る里川渓谷

角川の項でも触れたが、長倉川へは国道47号・古口地内の交差点から県道57号を進む。本郷地区で角川郵便局のすぐ先を右折してさらに行くと、道路は「ながくらはし」という小さな橋を渡る。すぐ下流に角川との出合が望める。ここは路肩に駐車可能なスペースがあり、角川上流を釣り上がる時にも使える。「ながくらはし」を渡り、少し進んでY字の分岐を左側へ向かうと道路が左へカーブして川を渡る手前に、舗装が切れて今熊野神社に向かう入口の林道がある。その舗装の終わりのスペースに駐車する。

神社前から川に下りる。解禁当初や増水時はこの付近だけでも楽しめる

かつては好ポイントだった淵も毎年発生する豪雨災害で砂の堆積が目立つ

長倉川のイワナは大型の水生昆虫を躊躇なく捕食している

ちなみに今熊野神社に天高くそびえる「長倉の大杉」は、荘厳なたたずまいに息をのむ。角川でも触れたが、龍の角が角川の名の由来という伝承の地がこの長倉地区だ。最上川の淵に棲む竜が天に昇りたいと考え、今神様の奥の院である今神御池を目差したが菩薩の怒りにふれ、角をへしおられ竜の真っ赤な血が川にあふれた。その角が落ちたあとが角川であり、血の川が訛《なま》っての角川でもあるとか。今神の地名も御池も実際にある。

駐車スペースから川を挟んだ対岸は民家で行き止まりである。この辺りは特に春先の雪代がまだ残るくらいの水量時は好ポイントとなる。川に入らず遠くから忍び寄るエサ釣りに分がある。春先は濁りに対応すべくエサは各種準備したい。現地調達も楽しみの1つだが、ここでは孫太郎虫の呼称もあるヘビトンボの幼虫が混じる。ルアーやフライフィッシャーにはヘルグラマイトといったほうが分かりやすいだろう。長倉川のイワナはこの大型の水生昆虫を躊躇《ちゅうちょ》なく捕食しているので、フライの方は大型のニンフもお忘れなく。

　川の風景は鹿の沢川に似ており、岩盤質の山肌が削られてできた深い淵もあり、毛バリで釣り上がりたくなる浅場も多い。ルアーならミノーでスピーディーに釣り上がれる。

　退渓は川を戻るほかになく、車両が通行可能な林道は入口のY字の分岐で別れてしまう。歩きやすい渓流なので時間を忘れて夢中になってしまいそうだが、体力の半分は帰りに残して安全に釣りを楽しんでいただきたい。

（矢作）

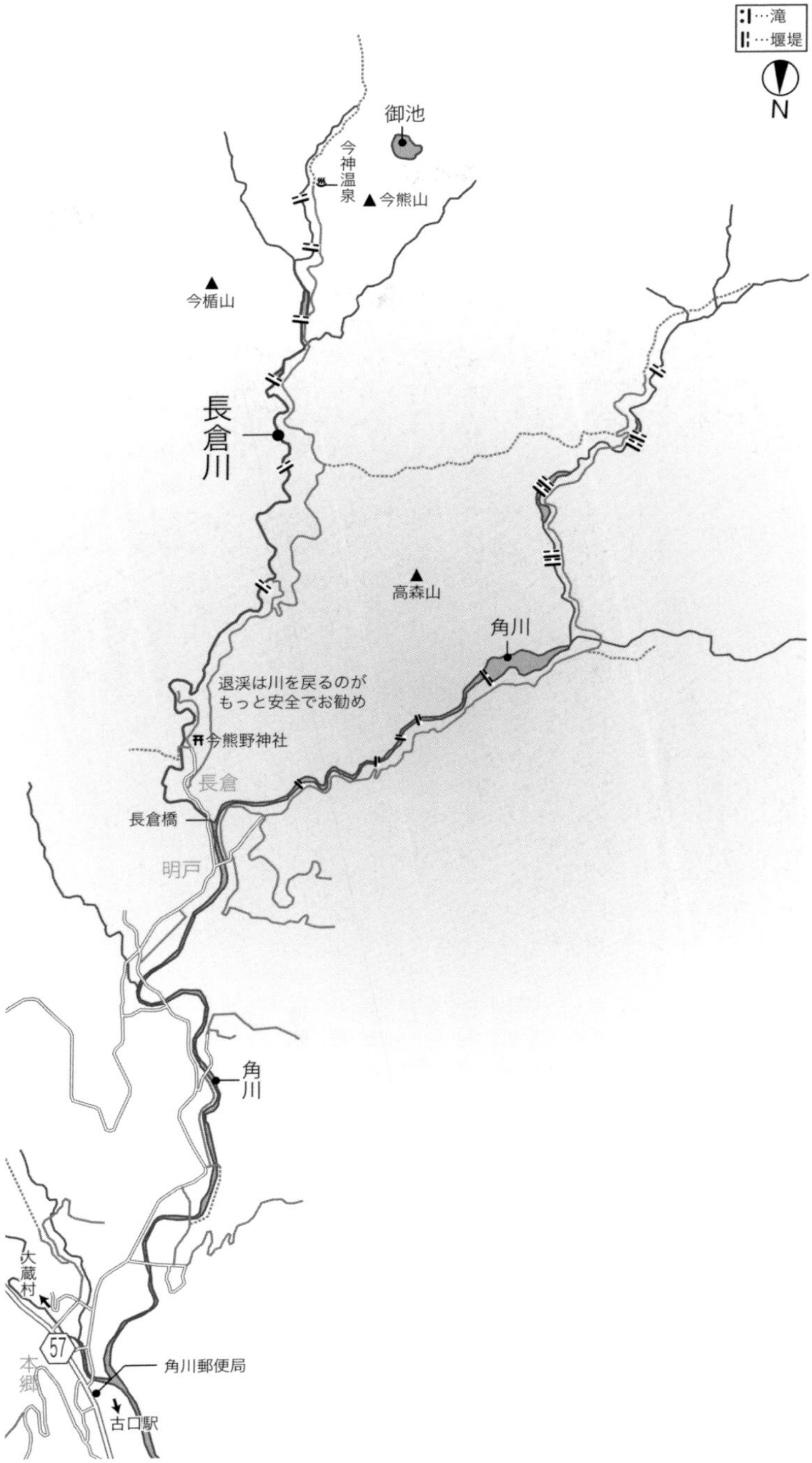

最上川水系
鮭川支流

濁沢川《にごりさわ》

山村の田園を流れる小規模渓流 ポイントからポイントを車移動で釣り歩く

濁沢川は山形県北部、最上地方・戸沢村のみを流れる小河川である。なお最上川水系には庄内町に同名の濁沢川が存在するのでご注意頂きたい。

国道47号から県道34号・新庄戸沢線で戸沢村津谷《つや》地区に向かい、県道58号との津谷交差点より神田《じんでん》地区へ進路をとる。交差点付近には遊漁券を販売するコンビニもある。58号に入ると戸沢村中央公民館を通過してすぐに長い下り坂。小さな橋の先にそれよりも大きな新濁沢橋が現われ、その下を流れるのが濁沢川だ。数軒の民家を過ぎると長い上り坂で、新庄方面に向かうT字路を直進すると、すぐ左斜め方向に大きな下り坂の分岐が現われる。バス停があり、遠くの眼下には濁沢川が再度確認できる。

上流のダム湖バックウォーター付近の流れ。里川とは違う雰囲気の中での釣りが楽しめる

●車での小移動を繰り返す釣り

坂を下り住宅地を抜けると道幅は車1台分ほどに狭まる。その直前左側に濁沢川へ架かる橋が見える。この橋付近は解禁当初はよく釣れるポイントなので1投したい。橋の上手には低い堰堤が水を蓄えている。この辺りは砂地、砂利底なので渓流魚は付きにくいが早春の訪れが上流より早く、魚の活性が早く高まることが多いのでおさえておきたい。とはいえ、上流のポイントをチェックしたら素早く移動するのがお勧めだ。併せて濁沢川の釣り方を解説すると、ウエーディングで移動するほどポイントは長く続かず、一方で深場も突然現われるので、1つのポイントが終わったら車で少しずつ上流に移動を繰り返すと効率よく釣りができる。

少し上流に車を走らせると支流の小沢

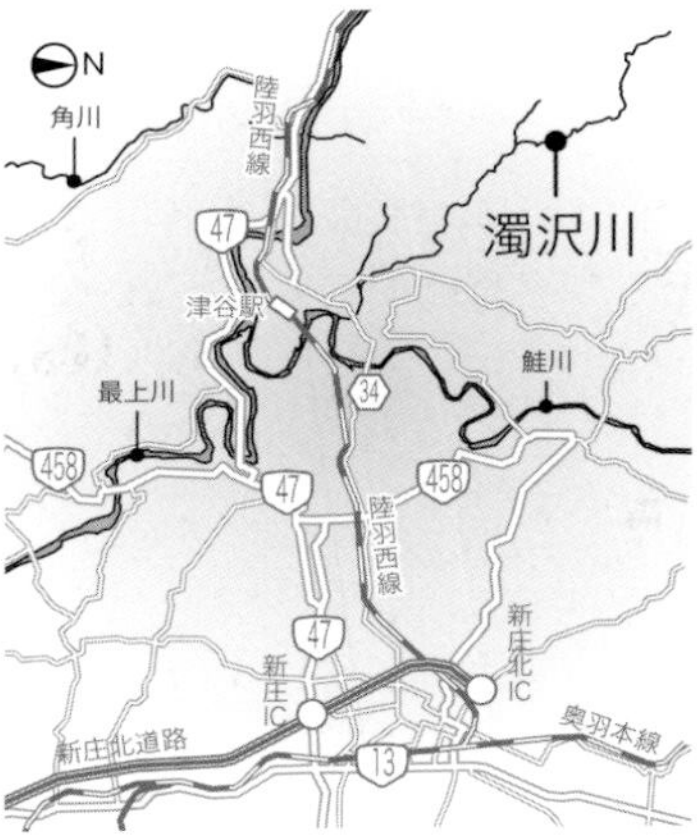

information

●河川名　最上川水系鮭川支流濁沢川
●釣り場位置　山形県最上郡戸沢村
●主な対象魚　イワナ、ヤマメ
●解禁期間　4月1日～9月30日
●遊漁料　日釣券1500円・
年券7700円
●管轄漁協　最上漁業協同組合
（Tel0233-62-2078）
●最寄の遊漁券取扱所　セブンイレブン戸沢津谷店（Tel0233-32-1105）
●交通　新庄北道路・新庄ICより国道47、458号、県道34号で津谷駅方面へ。津谷交差点より県道58号に入り神田地区へ

（杉沢）に架かる小さな橋が見える。沢はあまりに小さく車内から確認するのは難しい。橋の手前に作業小屋のような建物がある。その手前には濁沢川に架かる農機具が通れる程度の幅の橋があり、その下流に低い堰堤がある。ほどよく水深もあり好ポイントだ。小屋の辺りは私有地なので駐車はしないように。狭い橋のすぐ下流に大きな橋があるのでその付近のスペースを使おう。橋を渡って対岸を下流に歩くと護岸が低いところがあるのでそこから川に入れる。スピーディーに釣りたければ護岸の上からでもよいが、思わぬ大ものに遭遇することもあるのでなるべく川と同じ高さにポジションを取りたい。

　さらに上流のポイントに向かう。ここからは道路の対岸（右岸）を川沿いの田んぼ道沿いに歩いて釣り上がるのもよい。アシ原の際に魚が付いているので、エサ釣りなら積極的にエグレをねらっていきたい。川幅は狭いが水深は意外に深い場所もある。

　やがて対岸に数軒の民家が見え、車で

下流部小橋上流の低い堰堤。先行者がいなければ解禁当初からいいサイズが期待できる

作業小屋下流の堰堤を望む。大型の鵜もエサを待ち構えているほど競争の激しいポイント

中沢出合上流のお気に入りイブニングポイント。魚を留める落差と淵がねらいめだ

水面で沸き起こる一つ一つのライズに戦略を合わせて向き合う。メイフライの季節は毛バリ釣りが楽しい

も渡れる幅の橋が架かっている。橋付近は駐車スペースもあるのでここも探りたい。橋上流の鏡のようなプールでは、4月末~5月に羽化したばかりの水生昆虫に静かにライズするヤマメがよく見られる。少し上流には取水水門と小屋があり、そこもブロックでできた落差の深場が魚を引き付ける。イブニングライズを待ってフライで釣りたいポイントだ。

　この落差を釣り終わったらまた車で小移動。ガードレールがないところもあるので充分注意して頂きたい。最後のポイントは杉沢地区最後の民家を過ぎ、濁沢川に架かる五郎沢橋を渡る。道なりに進むと舗装道路から砂利道に変わる。杉沢林道の入り口である。この林道は路肩の崩落もなく長時間の山登りもない。

　林道に入るとしばらく上り坂となり川から離れていく。やがて右側の眼下に砂防堤のダム湖が見える。砂が堆積し浅くなってしまったが、かつてはダム育ちの大ものもいた。ダム湖を過ぎると下り坂となり川との高低差がなくなる。路肩にはすれ違い用のスペースが多く設けられ、駐車可能な箇所も多いのでそれらを基点に入川するとよい。

　ダム湖のバックウオーターは小砂利が目立つ河原で、開けた風景の中に流れが複雑に分岐し、針葉樹が伸びている。日本離れして見える雰囲気で、夏以降から禁漁まではウルフなどのウエスタン・フライパターンが活躍するシーズンで楽しみは広がる。林道の最終地点には、朽ち果ててはいるが行き止まりの木札がある。道幅は広く車を転回させるにも充分だ。この付近には魚が遡上するには困難な堰堤があり、ポイントとしても最終地点となる。ここまで釣り上がったら納竿して帰路につこう。

（矢作）

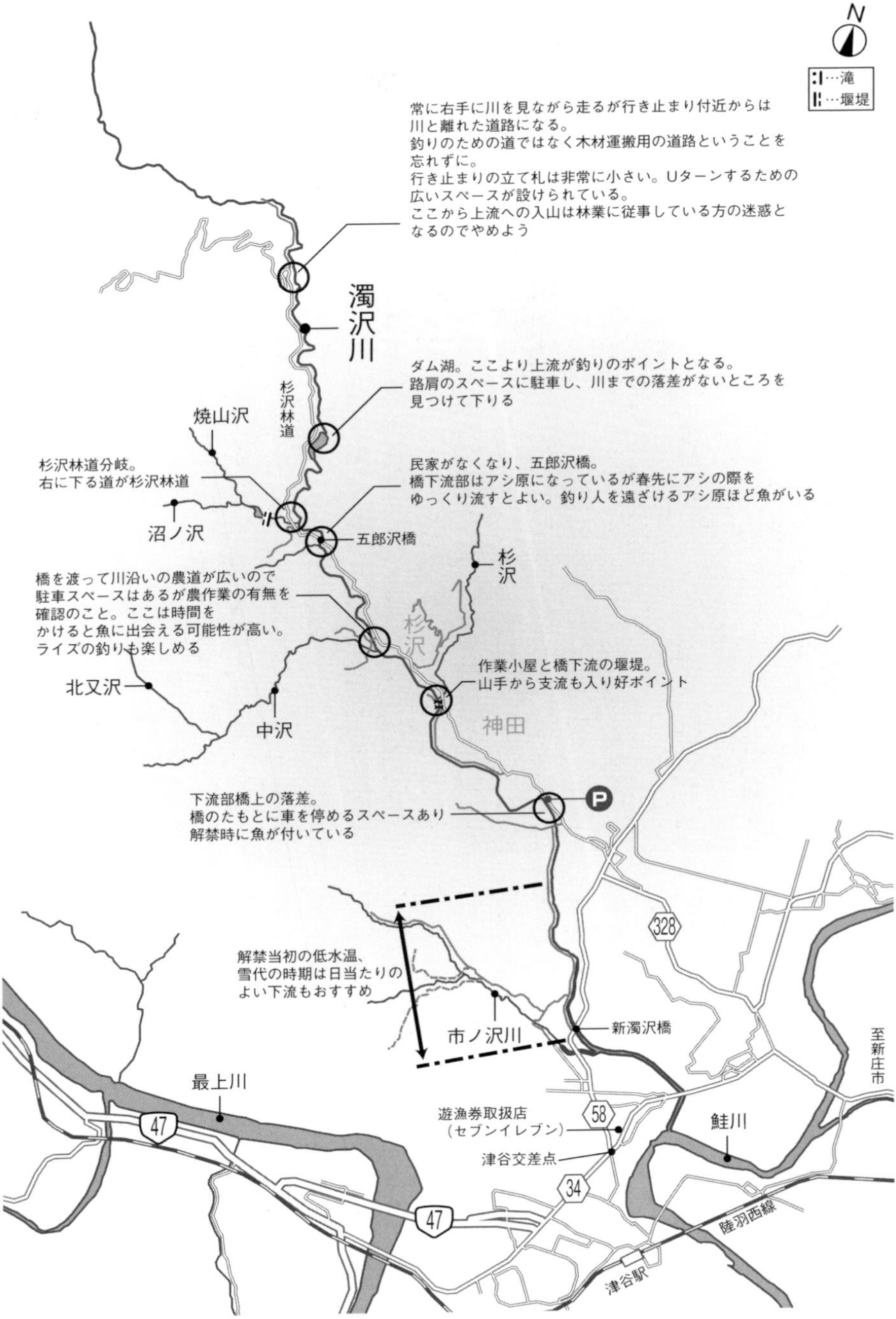
N
…滝
…堰堤
常に右手に川を見ながら走るが行き止まり付近からは
川と離れた道路になる。
釣りのための道ではなく木材運搬用の道路ということを
忘れずに。
行き止まりの立て札は非常に小さい。Uターンするための
広いスペースが設けられている。
ここから上流への入山は林業に従事している方の迷惑と
なるのでやめよう
濁沢川
杉沢林道
ダム湖。ここより上流が釣りのポイントとなる。
路肩のスペースに駐車し、川までの落差がないところを
見つけて下りる
焼山沢
杉沢林道分岐。
右に下る道が杉沢林道
民家がなくなり、五郎沢橋。
橋下流部はアシ原になっているが春先にアシの際を
ゆっくり流すとよい。釣り人を遠ざけるアシ原ほど魚がいる
沼ノ沢
五郎沢橋
杉沢
橋を渡って川沿いの農道が広いので
駐車スペースはあるが農作業の有無を
確認のこと。ここは時間を
かけると魚に出会える可能性が高い。
ライズの釣りも楽しめる
杉沢
作業小屋と橋下流の堰堤。
山手から支流も入り好ポイント
北又沢
中沢
神田
下流部橋上の落差。
橋のたもとに車を停めるスペースあり
解禁時に魚が付いている
P
328
解禁当初の低水温、
雪代の時期は日当たりの
よい下流もおすすめ
市ノ沢川
新濁沢橋
至新庄市
最上川
47
58
遊漁券取扱店
（セブンイレブン）
津谷交差点
鮭川
34
47
陸羽西線
津谷駅

最上川水系
鮭川支流

泉《いずみ》田《た》川（土内川）

市街地近郊を流れていながら多くの渓魚が潜む 遠征釣行時は新庄市の地酒やご当地料理も楽しみたい

文中でもお勧めした公民館前の渓相。落差が生み出す淀みは低水温期には魚にとって格好の休場だ

山形県北東部に位置する新庄市。最上地方の中心市街としての歴史は戦国時代までさかのぼり、新庄城址が現在も残る。

そんな城下町の情緒あふれる観光都市の魅力とともに、市の東側には神室《かむろ》山を主峰とする神室連峰を背負う。美しい山々には比較的低標高ながら高山性植物が見られ、植物や登山を楽しめるように登山ルートを整備するなど、豊かな自然環境を抱えた観光都市の側面もある。

もちろん市内には渓流釣りを楽しめる河川も多い。また現在ＪＲ新庄駅が山形新幹線の始発／終着駅のためアクセスも非常によい。遠征もレンタカーや宿泊施設も充実している街での釣りは快適だ。そして、市街地近郊の川と侮るなかれ。泉田川（上流では土内川と名を変える）は奥羽山脈の山奥を水源に発し、魚影の多さから多くの釣り人を集める。流程もあり、魚は広範囲に生息しているので足で稼げば間違いなく出会えるはずだ。

●フライ、テンカラ向きの下流部

新庄市東部を走る国道13号から県道307号に入る。交差点付近に「土内渓谷」と記された看板がある。この県道が泉田川上流部の土内地区まで伸びている。しばらくの間は田園風景をひたすら走るが、突如として大きな橋を渡り、渓流が流れている。この辺りが下流部の仁田山

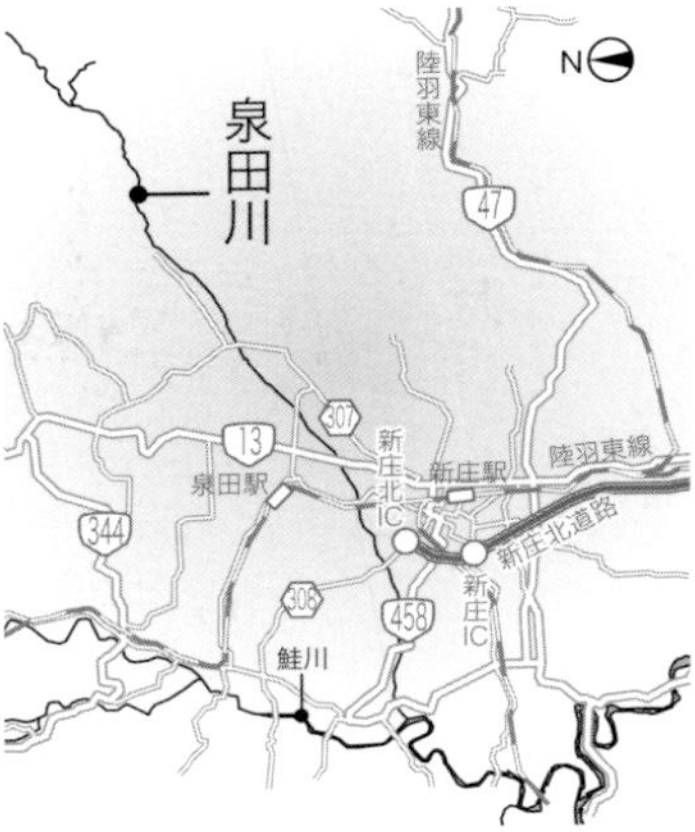

information

●河川名　最上川水系鮭川支流泉田川
●釣り場位置　山形県新庄市
●主な対象魚　イワナ、ヤマメ
●解禁期間　4月1日～9月30日
●遊漁料　日釣券1500円・年券7200円
●管轄漁協　最北中部漁業協同組合（Tel0233-22-1176）
●最寄の遊漁券取扱所　フィッシングちゃっか屋（Tel0233-23-8544・新庄市）、沓澤荒物店（Tel0233-22-7121）
●交通　新庄北道路（国道13号）終点降車。右折で県道308号を新庄市街へ進み、新庄市五日町交差点を左折し国道13号、県道307号で各釣り場へ

地区だ。

橋のたもとには仁田山公民館があり駐車も可能（川沿いの道は農道で充分な駐車スペースが確保できない）。ただし公民館が会合やイベントで使用されていない（開いていない）ことを確認したうえで迷惑にならないようスペースをお借りしたい。

仁田山地区を最初のイチ押しポイントとして紹介する理由は、泉田川に初めて会する場所であることと、駐車や仕掛けの準備もスムーズに運べ、はやる気持ちを仕掛けに変えて一刻も早く釣りが開始できるエリアだからである。高揚した気持ちのまま、じっくりと満喫していただきたい。

仁田山地区は川岸の緩やかな所が多く、入退渓も容易である。また公民館前からすぐにポイントが始まる。水量が安定している時期は安全に遡行できる浅瀬も多く、とりわけテンカラやフライ向きの流れが続く。夏季などのはそれなりに釣れなくなるが、盛期は先行者がいたとしても広い川には魚が残っているはずだ。

土内地区より少し下流の朴沢地区の頭首工。頭首工に向かう地域の農道兼河川の管理道から向かうとよい

夏の土内頭首工入渓点。夏のアシ河原は土地勘なく入るのは危険

朴沢頭首工から写真の土内地区まで釣り上がると1時間ほど。イブニングライズをたっぷり釣ると地元の新庄市街では20時を過ぎる。ぜひとも無理なく安全に

まるくてかわいい野生のヤマメ

●上流部は帰りの時間も考慮したい

泉田川が土内川と名を変えている土内渓谷には支流もいくつかあり、最上流部では素晴らしい魚が釣れていることがネットの情報等で見られる。止まりの滝などは登山や写真の愛好者も訪れるほど露出も多い。だが限られたエキスパート向きの情報よりも、ここでは安全かつ釣れる上流部を紹介しよう。

まずは民家がある土内地区まで車を走らせる。赤色の頭首工が目印だ。このエリアは入渓流しやすく、モンカゲロウが羽化する時期におびただしいライズがある。タイミングが合えばライズに囲まれて時間が流れる。しかし夏に近づくにつれて川全体がヤブになるので退渓がきつい。春はお勧めだが、河原のアシが元気になりだしたら土内地区よりも下流の朴沢地区から入るとよい。ここにもダムに引水する頭首工がある。頭首工に向かう砂利道には充分すぎる駐車スペースもあるので安心だ。渓相は土内地区と変わらず楽しめる。

土内地区で日没まで釣ると、新庄市街まで戻る頃にはかなり遅い時刻となる。遠方からいらっしゃる方には、町に戻ってからのおいしい地酒やご当地料理を囲みながらの釣り談義までぜひ旅程に入れて釣行して頂ければと思う。

最後に、新庄市内の釣具店「ちゃっか屋」を紹介させていただきたい。特に遠方からの釣り人には強い味方となる。多くの地元エキスパートから寄せられるタイムリーな情報は、きっと1尾への近道となってくれるはずだ。ぜひ私の地元で多くの方に素敵な時間を過ごして頂きたい。

（矢作）

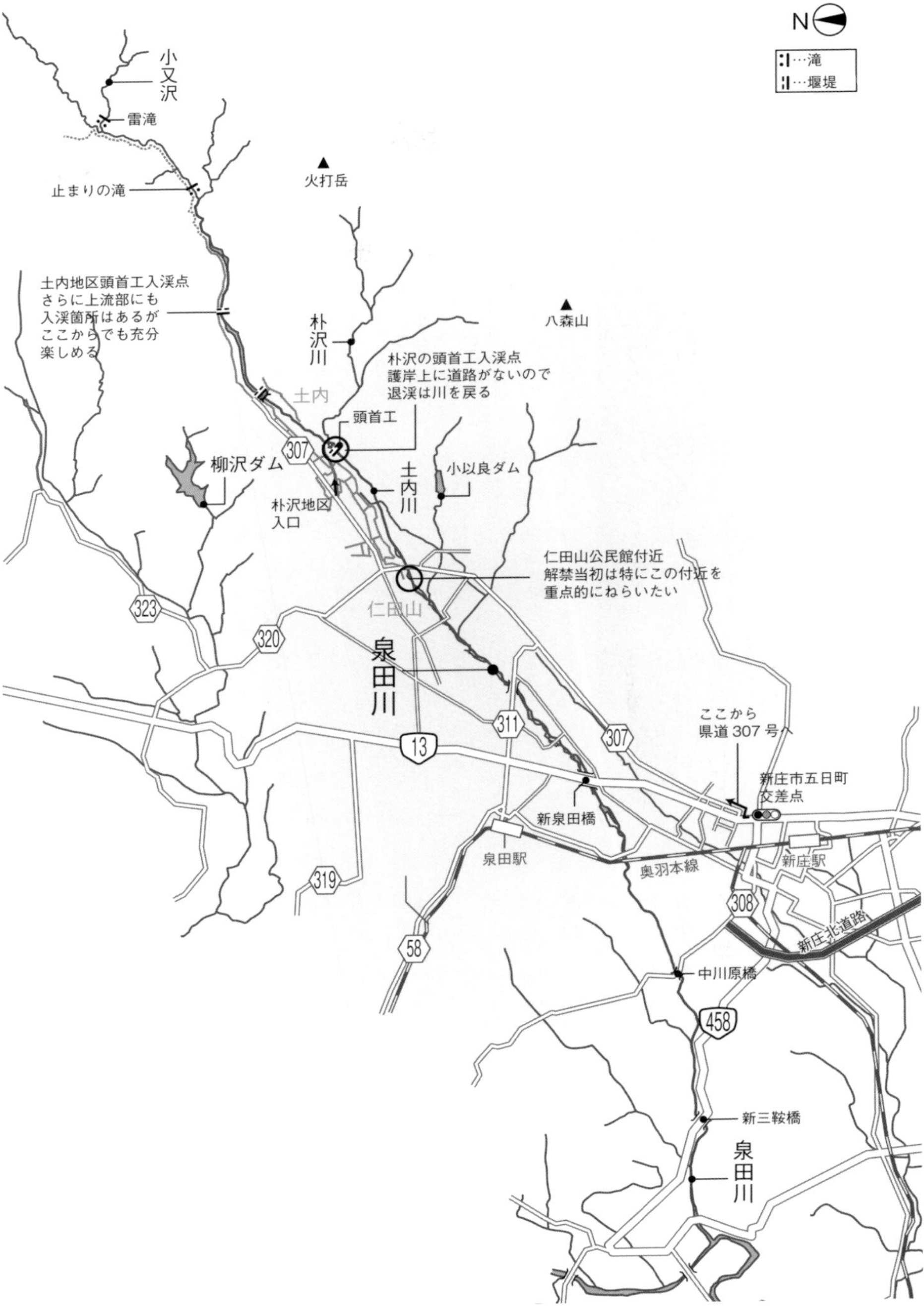
N
…滝
…堰堤
小又沢
雷滝
止まりの滝
火打岳
土内地区頭首工入渓点
さらに上流部にも
入渓箇所はあるが
ここからでも充分
楽しめる
朴沢川
八森山
朴沢の頭首工入渓点
護岸上に道路がないので
退渓は川を戻る
土内
頭首工
307
柳沢ダム
土内川
小以良ダム
朴沢地区
入口
仁田山公民館付近
解禁当初は特にこの付近を
重点的にねらいたい
323
仁田山
320
泉田川
311
307
13
ここから
県道 307 号へ
新庄市五日町
交差点
新泉田橋
泉田駅
奥羽本線
新庄駅
319
308
新庄北道路
58
中川原橋
458
新三鞍橋
泉田川

最上川水系

朝《あさ》日《ひ》川

雪代と発電所取水が釣況を左右する
３つのエリアでそれぞれ異なるハイシーズンを楽しめる

　朝日川は朝日連峰の主峰大朝日岳を源とし、最上川に注ぐ流程25㎞ほどの河川である。最上川沿いを走る国道２８７号をＡｓａｈｉ自然観方面へ曲がり、県道２８９沿いを走ると朝日川が並行して流れている。朝日川の魅力はアクセス、雪代、取水により、大きく3つのエリアで異なるタイミングでハイシーズンを迎えるところにある。

　まずはアクセスだが、豪雪地帯のため解禁当初はＡｓａｈｉ自然観から上流は冬季閉鎖されていることがある。また大井沢方面からもアクセスできるが、大石沢上流の発電所入口付近にゲートがあり閉鎖されているので、上流部の釣りは道路が開通してから。開通時期は降雪量により異なるため、漁協に問い合わせるか、朝日町役場のＨＰで確認したい。また県道といってもかなり狭い道で未舗装の区間があるため、走行には充分注意をして頂きたい。

●早期から釣りになる区間

　最初に釣りが可能となる朝日川第一発電所（通称・石田淵発電所）からＡｓａｈｉ自然観に行くため県道２８９号が川を渡る分岐までの区間は、木川ダムが取水し朝日川第一発電所で放水している。水量が少なく、雪代の影響を受けにくいのが特徴だ。道路と渓の落差も小さく、比較的入渓が容易な箇所も多い。漁協の放流も盛んで、エサ釣りやルアー、フライとあらゆる方に人気の区間でもある。

　ただし取水の影響で、早期に渇水となることがある。最盛期は雨の後など水量が増えた時がお勧めだ。放流直後は地元

information

●河川名　最上川水系朝日川
●釣り場位置　山形県西村山郡朝日町
●主な対象魚　イワナ
●解禁期間　4月1日～9月30日
●遊漁料　日釣券1000円・年券7000円
●管轄漁協　最上川第一漁業協同組合（Tel0237-67-2207）
●最寄の遊漁券取扱所　セブンイレブン朝日宮宿店（Tel0237-67-2455）、Asahi自然観（Tel0237-83-7111）、佐竹商店（Tel0237-67-2340）
●交通　山形自動車道・寒河江ＳＡスマートIC下車。国道458、287号を経由して県道289号で釣り場へ

猿渡取水堤上流の源流部の流れ。水量も豊富でエサ釣り、ルアー、フライといろいろ楽しめる

アングラーも多く、道路から釣りをしている方も時折り見受けられるほどの人気区間でもある。

　駐車スペースは道路沿いの限られた場所になる。先行者の有無を確認して、ある程度の距離を取って入渓して頂きたい。くれぐれも先行者の数百m上流に入ることは遠慮して頂きたい。

●5月下旬からの区間

　次に釣りが可能となるのが、朝日川発電所から朝日川第二発電所猿渡取水堤の区間で、例年、林道が開通する5月下旬から。ここは猿渡取水堤で取水しており、かなり水量が少なくプレッシャーが高い。流れがほとんどないような超渇水も珍しくない。このような時はフライの独壇場となるが、少しのアプローチミスでイワナを走らせてしまうので、慎重かつ繊細な釣りを強いられる。

　また、道路と川に落差があり入退渓点が限られてしまうことと、雨や雪代の影響で取水堤からオーバーフローして急に増水することがあるので、充分な注意が

支流の黒俣沢。上流部は本格的な源流域となる

朝日川発電所上流の渓相を望む。瀬、プールが交互に現われるダイナミックな流れだ

必要となる。

渓相は瀬、プール、瀬、プールの連続で、時折りゴルジュに行く手を阻まれるが、上流部から落ちてきた35cmを超える大イワナが釣れることもあり、ベテラン向きの区間といえるだろう。

●6月末以降に盛期となる区間

最後に釣りが可能になるのが、猿渡取水堤より上流の源流部。この区間は雪代が収まる6月末からがベストシーズン。アプローチは最上流部の黒俣沢出合まで登山道があり、比較的容易。しかし、入退渓点は少なく所々にある吊り橋が基点となる。渓相は瀬続きが多いが、所々にゴルジュ帯や大きなプールなどのダイナミックな区間もあり、プチ源流釣行を味わうのには最適だろう。水量も豊富でエサ釣り、ルアー、フライとさまざまなスタイルで楽しめる。

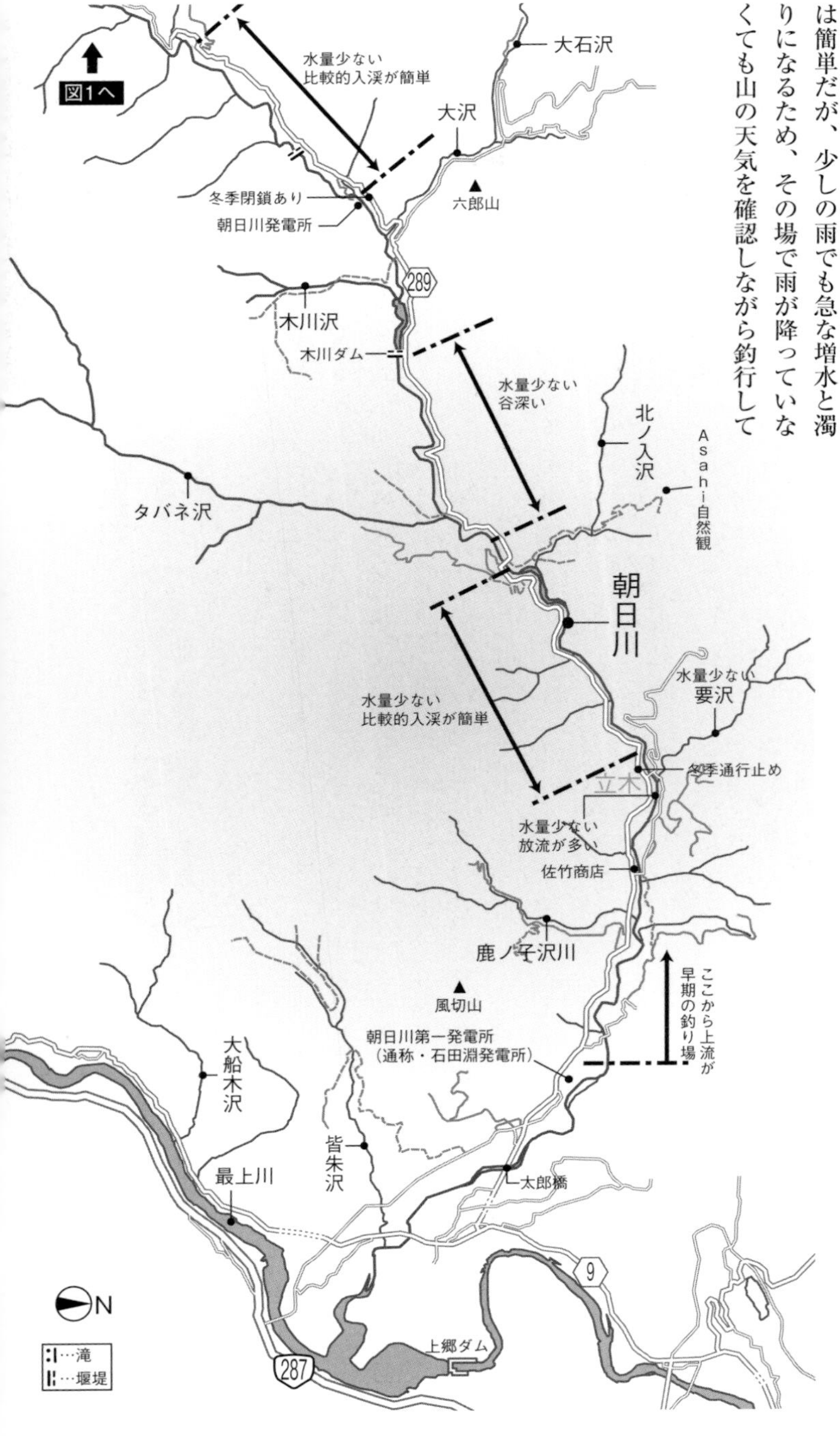

この区間は、朝日川上流部の黒俣沢合流点以遠で名前が変わる朝日俣沢が永年禁漁のため、そこが種沢となり、雪代や雨の増水でイワナが落ちてくるのか、魚影は多いように感じる。ただアプローチは簡単だが、少しの雨でも急な増水と濁りになるため、その場で雨が降っていなくても山の天気を確認しながら釣行して頂きたい。8月初旬～下旬はメジロアブが大発生するので、これにも万全の対策が必要である。

　黒俣沢は本格的な源流で、登山道やゼンマイ道もなく川通しの釣行となる。水量が多いと高巻が必要なゴルジュ帯や落ち込みが数箇所あり、さらに上流のガンガラ沢は落差も出てくる。それなりの準備と経験豊富な方との釣行をお勧めする。

（曳地）

最上川水系

野《の》川（置賜《おきたま》野川）

開けた明るい渓相はフライフィッシャーに人気
スレた魚が多いシーズン後半はサオ抜け、支流をチェック

野川は全体的に川が開けており、釣りやすく明るい渓だ

東北のマッターホルンといわれる祝瓶《いわいがめ》山や平岩山を源に、最上川に注ぐ流程22kmの河川が野川（通称・置賜野川）である。中流域に木地山ダムと長井ダムがあり、釣り場は木地山ダムより上流となる。

長井ダムができたことでアクセスはかなりよくなったが、木地山ダム手前は舗装されているものの、車1台しか通れない程度の狭い道が続くので、充分に気をつけて走行して頂きたい。木地山ダムから祝瓶山荘までは、砂利道で悪路の部分もあり、さらに注意が必要となる。

釣り場は、木地山ダムインレットから祝瓶山荘までは、林道から延びる側道を利用しての入渓が一般的。祝瓶山荘から上流は登山道を利用しての入渓となる。しかし、入渓点はほとんどなく、最終堰堤より上流が最も分かりやすい入渓点となる。平岩山の標高は１６０９ｍとそれほど高はないが、豪雪地帯の朝日連峰だけに、雪代が収まるのは6月上旬となる。したがって最終堰堤より上流は、それ以降の釣りをお勧めしたい。

野川は全体的に川が開けており明るい渓だ。水量や天候によって釣果が左右されることは多いが、各支流が種沢となっており、中型クラスのイワナが多いのも魅力的だ。また、開けているためフライフィッシャーに人気がある。シーズン後半はセレクティブなイワナも多くなるので、サオ抜けポイントや支流に入ると、思わぬ釣果に恵まれることがある。

information

●河川名　最上川水系野川（置賜野川）
●釣り場位置　山形県長井市
●主な対象魚　イワナ
●解禁期間　4月1日～9月30日
●遊漁料　日釣券1000円・
年券5500円
●管轄漁協　西置賜漁業協同組合
（Tel0238-85-0067）
●最寄の遊漁券取扱所
野川まなび館
（Tel0238-87-0605）
●交通　東北中央自動車道・南陽高畠IC降車。深沼交差点を左折して赤湯バイパス（国道13、113号）へ。国道287号（寒河江・長井方面）を経由し県道10、252号を経て木地山ダム方面へ

●インレットからしばらくは平坦な釣り場が続く

まず、木地山ダムから祝瓶山荘上流の吊り橋までの区間だが、先に述べたように林道から延びる側道を利用しての入渓をお勧めしたい。木地山ダムのインレットから５００ｍくらいはポイントが砂で埋まり、魚影も少なく釣味に欠ける。２㎞先くらいの所に架かる橋辺りになると、落差の少ない瀬、プール、瀬、プールと単調な流れだが、中型イワナの魚影が見られるようになる。

その１・５㎞くらい上流に２段の堰堤が出てくる。ここまではダムから遡上したイワナがねらえるだろう。

さらにまた１・５㎞ほど上ると吊り橋下流の堰堤となり、角楢沢が合流する。吊り橋から上流１００ｍほどの所に２段堰堤があり、安全に釣りができるのはこの辺りまでだろう。ここまでの区間もどちらかというと平坦で釣味には乏しいが、魚影は多く、不意に近づくと足元からイワナが走ることが度々ある。出来る限り

踏み跡から堰堤を望む。遡上したイワナがねらえる好ポイントだ

各支流が種沢となっており、本流では中型クラスのイワナが飛び出す

最上流部となる五貫沢の流れ。一段と落差が出てきて落ち込みの連続となる

変化に富んだ渓相でイワナに出会える

慎重なアプローチを心掛けたい区間だ。

吊り橋上流の2段堰堤から最終堰堤までは、アプローチが難しいのでベテラン向きといえるだろう。

●上流部は帰りの時間に余裕をもって

最終堰堤より上流は、祝瓶山荘から祝瓶山に向かう登山道を20分くらい歩くと道が二股になる。その分岐を右側に進むと30分程度で最終堰堤の上流に出る。年々この道も荒れてきて、落石も増えているので充分に注意して頂きたい。最上流のこの区間も川が開けており、落差も少なく、フライフィッシングやテンカラ向きの渓相が続く。

最終堰堤より約2km上流で、右岸側沢が合流する。この辺りから落差も出てきて渓相も変化に富んでくる。イワナのサイズも上がり、魚影も多くなるように感じる。

さらに1kmほど行くと五貫沢と切立沢に分かれる。ここからは一段と落差が出てきて落ち込みの連続だ。源流らしい渓相で魚影もますます多くなり、二筋滝までは大型のイワナが釣れる。しかしここまで来ると、健脚の方でも帰りは3時間近くかかる。くれぐれも時間に余裕をもって釣行して頂きたい。

川は開けているが、雨が降ると急に増水することがある。上流の天気を確認しながら釣りをして頂きたい。また夏場はアブが非常に多いので対策を怠りなく。

野川は支流も多く、木地山ダムに流れ込む大桶沢、中ノ沢、吊り橋下流で出合う角楢沢など魅力的な流れも多い。どの支流もイワナの魚影があり楽しめるが、種沢となっているので乱獲は控えて頂きたい。

（曳地）

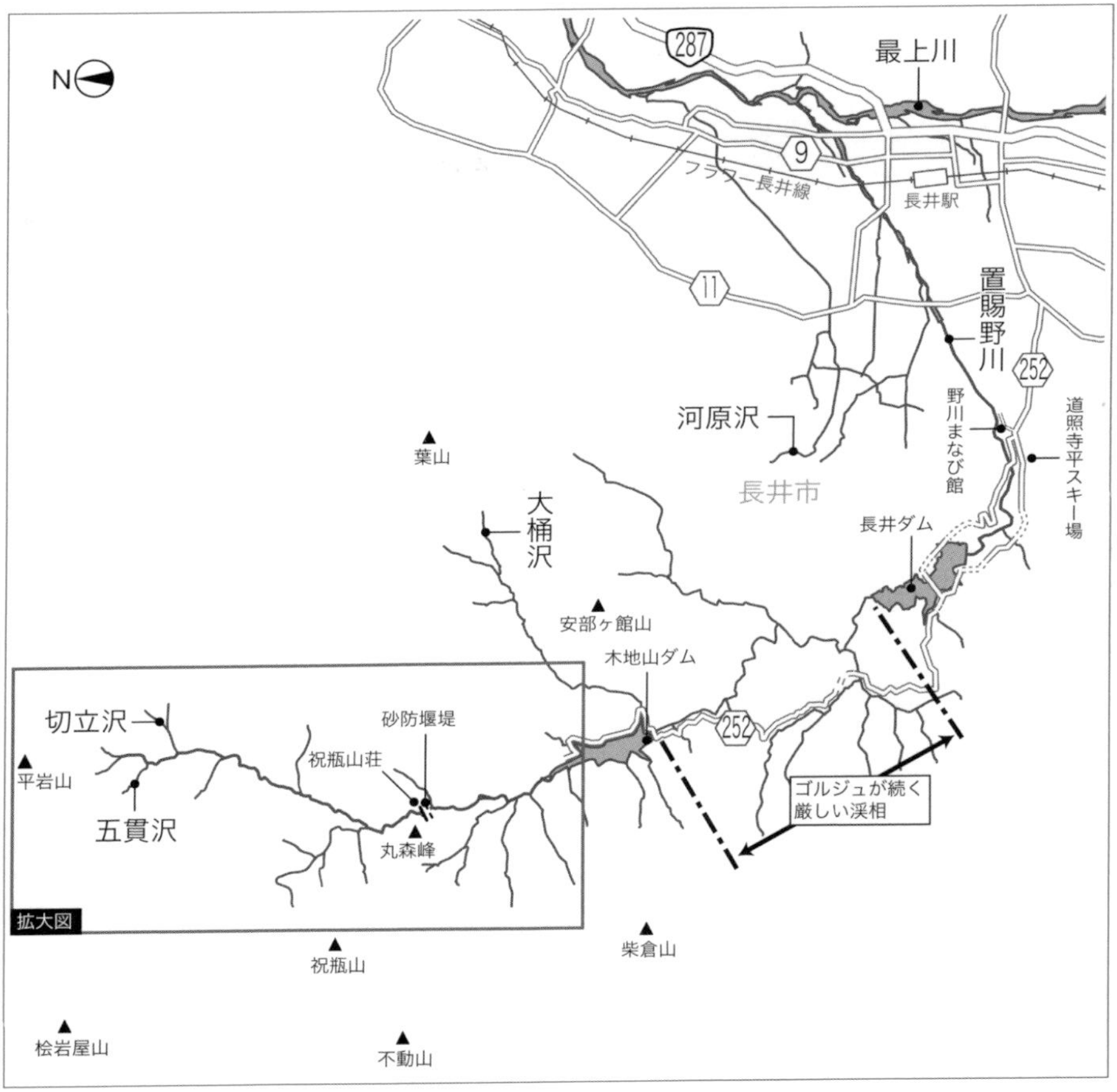
N
287
最上川
9
フラワー長井線
長井駅
11
置賜野川
252
野川まなび館
道照寺平スキー場
河原沢
葉山
長井市
大桶沢
長井ダム
安部ヶ館山
木地山ダム
切立沢
砂防堰堤
252
平岩山
祝瓶山荘
ゴルジュが続く
厳しい渓相
五貫沢
丸森峰
拡大図
柴倉山
祝瓶山
桧岩屋山
不動山

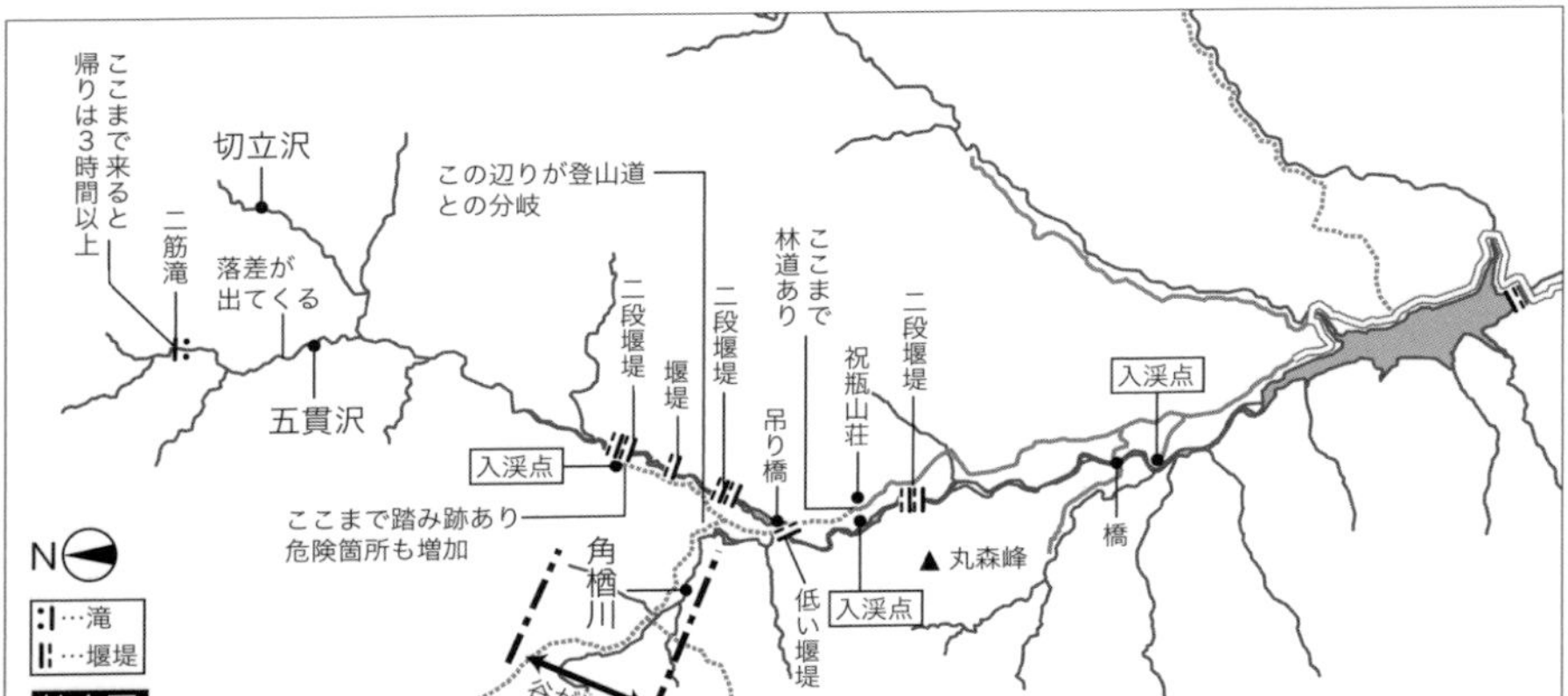
ここまで来ると帰りは3時間以上
切立沢
二筋滝
落差が出てくる
五貫沢
この辺りが登山道との分岐
二段堰堤
堰堤
二段堰堤
ここまで林道あり
祝瓶山荘
二段堰堤
吊り橋
入渓点
入渓点
ここまで踏み跡あり
危険箇所も増加
N
角楢川
丸森峰
橋
低い堰堤
入渓点
…滝
…堰堤
拡大図
谷が深い

最上川水系

白川（置賜《おきたま》白川）

県内有数の豪雪地帯を流れる河畔林の発達した渓
大日杉小屋を境に上流はイワナ、下流はヤマメとの混生

ユキシロが納まれば、中流域は穏やかな形相が続く

置賜白川は福島・新潟県境の飯豊連峰・種蒔山を水源にもつ。置賜白川が流れる飯豊町中津川地区は山形県内でも有数の豪雪地帯である。中・下流域は河川沿いに県道が走るが、河畔林が発達しており、里川の趣の河川である。

釣り場は白川ダムのバックウオーターから始まる。白川ダムから大日杉小屋周辺までは、イワナとヤマメの混生。その上流にはイワナのみが生息する。イワナ

中流域はヤマメが中心の釣果となる

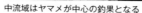

information

●河川名　最上川水系置賜白川
●釣り場位置　山形県西置賜郡飯豊町
●主な対象魚　イワナ、ヤマメ
●解禁期間　4月1日～9月30日
●遊漁料　日釣券1000円・年券5500円
●管轄漁協　西置賜漁業協同組合（Tel0238-85-0067）
●最寄の遊漁券取扱所　舟山商店（Tel0238-74-2375）、白川荘（Tel0238-77-2124）
●交通　東北中央自動車道・南陽高畠IC降車。国道13、113号を経由し県道4号を経て白川ダム方面へ

もヤマメも「白川」の名前のとおり白っぽいのが特徴である。

本格的な釣りシーズンは雪代が治まる7月上旬以降となる。

ダムのバックウオーターより葡萄沢出合までは、落差のない平たんな流れが続く。河原が少ないため、遡行は何度も徒渉を繰り返さなくてはならない。流れは押しが強く細心の注意が必要だ。早期はダム遡上と思える大イワナが釣れることもある。また、初夏は何の変哲もない流れにヤマメのライズが見られることも珍しくない。

●初期は大イワナ、雪代明けは大ヤマメに期待

早期は特に集落近くでも大ものが釣れる。深い淵やブッツケのエグレを丹念に探ると、ヒレピンの大イワナが応えてくれるかもしれない。

雪代が治まると、いよいよ大ヤマメのシーズン到来である。飯豊山の冷たい雪代に鍛えられた、パーマークのくっきりした居着きの大ヤマメの引きが楽しめる。

中流域は川原と淵が交互に現われる好ポイントが続く渓相だ

葡萄沢出合い上流にある大規模堰堤。下流域を考慮し徐々にスリットが入れられている

源流域も比較的穏やかな渓相が続く

この区間は、本流釣りと渓流釣りの中間的なポイントが多い。エサ釣りの場合、サオは7mクラスを準備したい。仕掛けも大型魚を想定してセットするとよいだろう。

葡萄沢出合から大日杉小屋までは半日コースである。左岸沿いに林道が走り、どこからでも入渓できる。流れは樹林が被っているが、比較的釣りやすい。

大日杉小屋より上流に入るには、小屋前の道を辿ると本流に出合う。適度な落差と淵、小ゴルジュ、滝が現われる。水量にもよるが基本的に川通しで突破できるはずだ。

しばらく釣り上がると「く」の字に曲がった3m魚止滝に出会う。以前はさらに上流が魚止の滝であったが、大水でイワナが流され、現在は生息していないようだ。2020年9月に改めてサオをだしてみたが、やはりイワナの姿を見ることはできなかった。渓相はよいので、機会があれば滝の上部にイワナを移したいと考えている。

滝下部の廊下状の淵が大イワナのポイ

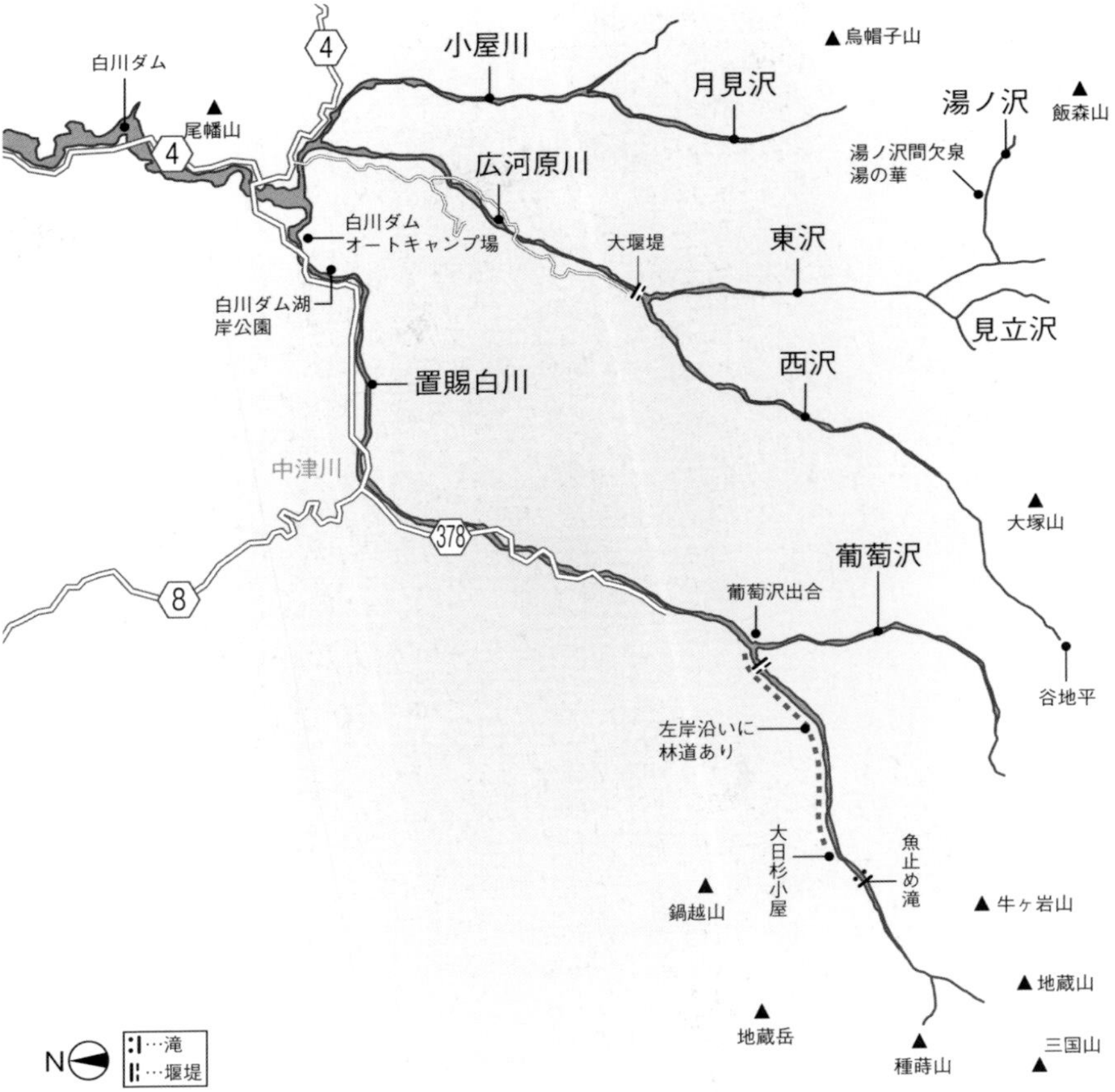

ントになる。慎重にサオをだしてほしい。

●支流・広河原川

白川ダムに直接流れ込む白川の大支流である。白川ダムのバックウオーターから広河原集落までは、ヤマメが中心の比較的平坦な釣り場が続く。

広河原集落の先に大堰堤があり、下部との交流は途絶えている。ここから東沢、西沢に流れは二分している。西沢の源流部は谷地平という湿地帯になっており、ここでの釣りは慎みたい。広河原には知る人ぞ知る「広河原の間欠泉　湯の華」がある。日本で唯一、間欠泉から吹き上がる湯を浴びながら、湯に入れる温泉である。

●支流・小屋川

広河原沢の下流で出合う小河川。下流部は蛇行を重ね、いかにもイワナ、ヤマメが潜んでいそうだが、期待が裏切られることが多い。かえって小屋の集落手前あたりのほうが魚影は多いようだ。

（我妻）

最上川水系
鬼面川支流

大樽川《おおたる》

最上川水系の奥座敷は銘湯とともに楽しみたい
プロポーション抜群のヤマメと野性味あふれるイワナ

小白布集落上の堰堤上流部は穏やか
川相で夏はテンカラ、FFも人気だ

小野川温泉上部は平川が続く。対象魚はヤマメが中心だ

大樽川流域には、小野小町の伝説に彩られた美人の湯・小野川温泉と、開湯700年余を誇る名湯・白布《しらぶ》温泉がある。由緒ある温泉と渓流釣りの両方を楽しむのも乙なものだ。ちなみに小野川温泉は、米沢市の中心街からも近く緑豊かな自然が残り、どこか懐かしい感じのする温泉街である。夏の夜は数多くのホタルが飛び交い、幻想的な世界を醸し出してくれる。

大樽川は、吾妻連峰の主峰・西吾妻山

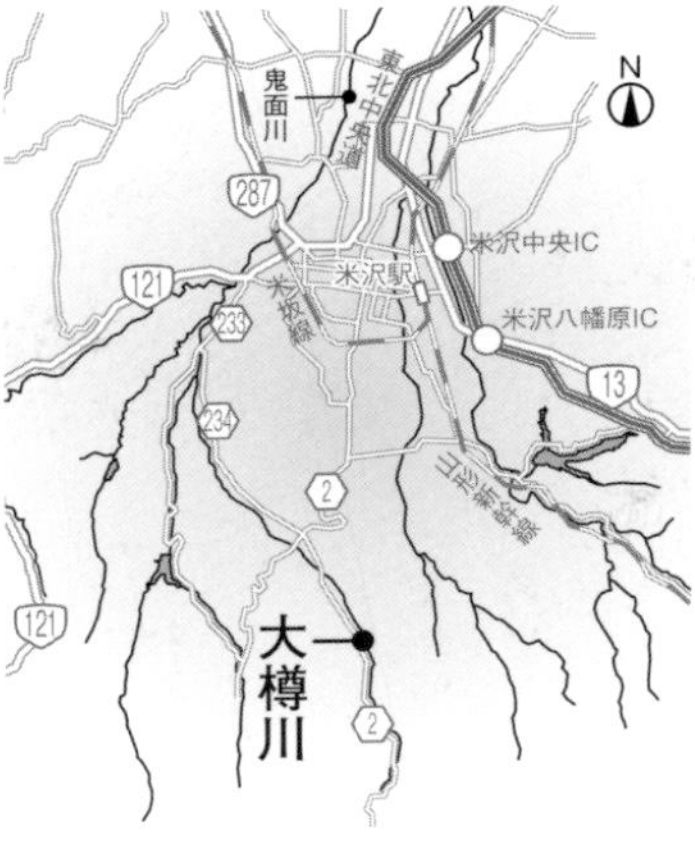

information

●河川名　最上川水系鬼面川支流
大樽川
●釣り場位置　山形県米沢市
●主な対象魚　イワナ、ヤマメ
●解禁期間　4月1日～9月30日
●遊漁料　日釣券1000円・
年券5000円
●管轄漁協　県南漁業協同組合
（Tel0238-21-7884）
●最寄の遊漁券取扱所
上州屋米沢店
（Tel0238-22-2885）
●交通　東北中央自動車道・米沢中央IC降車。県道1、152号、国道121号を経由し県道233、234、2号を経て釣り場へ

FFで釣りあげた良型ヤマメに顔がほころぶ

を水源とする最上川最源流部の河川。小野川温泉下流で綱木川と合流し、米沢市内の舘山地区で鬼面川（小樽川）に合流している。

●高橋橋上流堰堤を境に上はイワナ、下はヤマメ中心

吾妻山系はいわずと知れた豪雪地帯である。その年の積雪量にもよるが、小野川温泉周辺なら解禁当初も入川可能だが、上流の白布温泉周辺への入渓は、5月のゴールデンウイーク明けくらいからが無難だろう。

釣り場は小野川温泉付近から始まる。対象魚はヤマメが中心である。護岸している箇所もあるが、平瀬に深瀬、淵もありポイントは豊富。ただ入渓者も多く魚はスレ気味である。早期は深場をていねいに探ると釣果につながることが多い。盛期以降はアシが河原を覆い、歩きにくいことこのうえない。ポイント移動には大いに苦労させられるが、そのぶん入渓者が減少し、釣り人のハリを逃れた大ヤマメが釣れることがある。

高橋橋上流の大堰堤から白布大滝までの間は、落差もあり気持ちのよいイワナ釣り場だ

白布大滝を望む。

秋色に染まり始めた大樽川の良型ヤマメ

関地区周辺は3面護岸の箇所が多く幾分釣趣に欠けるが、落差工の前後の深みに良型が潜むので見逃せない。この辺りは川が開けて下流よりずっと明るく感じる。

大白布の採石場よりも上流部ではゴーロが発達し、渓流らしさをうかがわせる。解禁当初、川岸が切り立つ場所では雪崩に注意が必要だ。

高橋橋の上流に大規模な堰堤がある。ここから白布温泉までの区間は、落差も出て源流の様相。対象魚はイワナに変わる。遡行は比較的楽だが、足回りはウエーダーよりも渓流シューズで固めたほうが安全だ。また早期には大型のイワナが上がることもある。

どの区間もヤマメのサイズは最大で尺をわずかに超える程度。それでもプロポーションは抜群、そして強力な引きで釣り人を楽しませてくれるはずだ。

●支流・綱木川

小野川温泉下流部で左岸から綱木川が合流する。この川の上流には米沢市の水

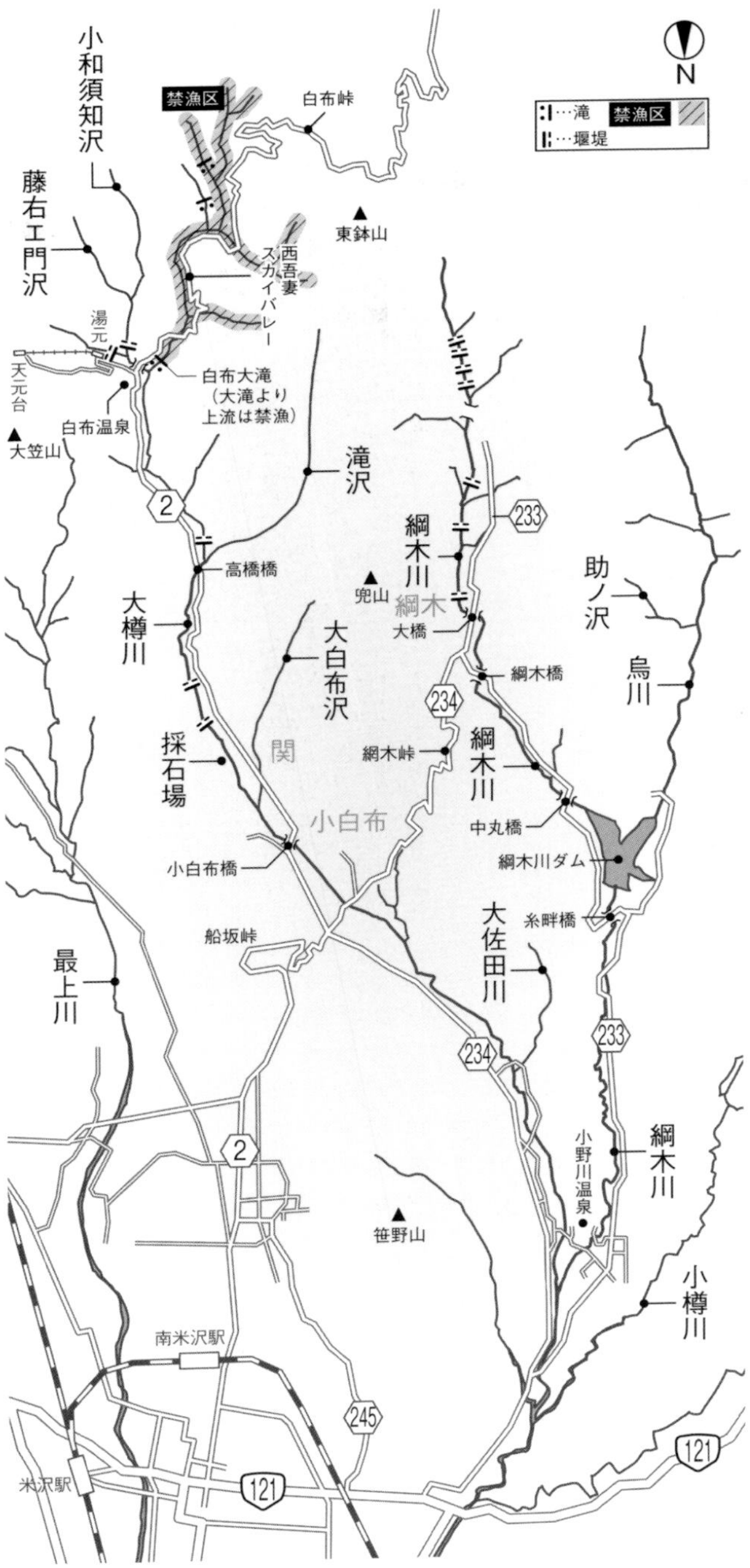

がめ・綱木川ダムがある。ダム下流部は取水で水量が減少する。それでも早期や雪代期などは深みを丹念に探ると、ヤマメが顔を出してくれる。

ダム上流部は綱木集落まで県道が延び、入渓は比較的容易である。途中に数基の砂防堰堤があり、魚の多い区間と少ない区間が極端に分かれる。対象魚はヤマメとイワナである。ボサがかかる場所も多く、エサ釣りではチョウチン仕掛けがよいだろう。

ダム左岸側からは烏川が入る。沢筋には林道が整備されており入渓は楽である。烏川はそれなりに水流もあり、落差のあるイワナ釣り場である。

（我妻）

最上川水系

小樽《おだる》川（鬼面川上流）

河畔林が発達した自然豊かな里川渓流
雪代に鍛えられた尺上ヤマメの実績も多数

小樽川は、吾妻山と飯豊山を結ぶ稜線北面の水を集めて流れ、途中で鬼面《おもの》川と名を変え米沢市南部の舘山地区で右岸より大樽川が合流している。

小樽川沿いには国道121号が走るが、河畔林と分厚い森に遮られて国道から河川を見ることは難しい。その流れは河川工事がほとんど行なわれず、手つかずのままの所が多い。

小樽川流域には「草木塔」、「草木供養塔」の文字が刻まれた珍しい自然石の石碑が存在する。草木塔の建立には諸説あるが、草木にもそれぞれ霊魂が宿り、その草木から得られる恩恵に感謝し、伐った草木の魂を供養する心が、自然への畏敬の念となって建てられたとも考えられ

塩地平の大堰堤の上流は川幅も狭くなり頭上にボサがかかる箇所も多い

中流域は河畔林が発達し気持ちのよい釣り場が続く

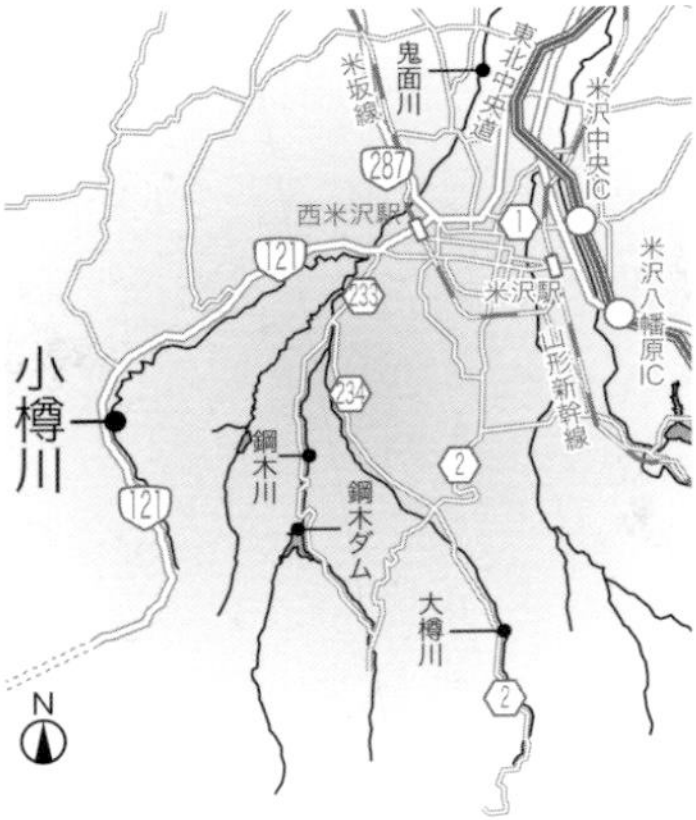

information

●河川名　最上川水系小樽川
（鬼面川上流）
●釣り場位置　山形県米沢市
●主な対象魚　イワナ、ヤマメ
●解禁期間　4月1日～9月30日
●遊漁料　日釣券1000円・
年券5000円
●管轄漁協　県南漁業協同組合
（Tel0238-21-7884）
●最寄の遊漁券取扱所
上州屋米沢店
（Tel0238-22-2885）
●交通　東北中央自動車道・米沢中央IC降車。県道1、152号、国道121号を経由し釣り場へ

ている。

この地では人は自然を受け入れ、山や川と共生してきた。そのような背景もあって、小樽川には必要以上の人工物が造られることなく、河畔林は生い茂り、のんびりとした里山の雰囲気を味わえる。何の変哲もない普通のヤマメ川だが、かつては当たり前にあった里山のこのような釣り場が、今の日本にいくつ残っているだろうか。

●梅雨の終わりからがベストシーズン

雪国の米沢でもこの一帯は特別な豪雪地帯で、遅くまで雪が残る。シーズン初期の川岸が切り立った場所は雪崩の危険が多く、また水温も低すぎて釣りにならないことが多い。

4月に入り気温が上がり始めると雪解けが一気に進み、雪代で流れは増水する。その年の積雪量にもよるが、例年並みなら釣期は雪代が落ち着き始める5月中旬から、そしてベストシーズンは魚のコンディションが整い、川全体がポイントになる梅雨の終わり頃だろう。

秋色に染まった尺ヤマメ

手付かずの自然な流れに癒される。夏はテンカラ、FF も楽しい

雪代が終われば水量も安定した流れとなる

水量が安定すると入渓者も増えてプレッシャーも高くなる。渓魚は警戒心が強くなり、ブッシュの下や岩の溝など、釣りにくいポイントに良型が潜む傾向を見せるようになる。

特別な大ものは望めないが、雪代で鍛えられた強力な引きを見せる尺上ヤマメが例年多数釣られている。特に夏から秋にかけては大ものの期待大である。

小樽川の水は、流域水田の大事な農業用水である。上在家橋より下流は取水され、春先以降は水量が減ってしまう。したがって釣り場は、安定した水量の上在家橋上流から。しばらく開けた河原のヤマメ釣り場が続く。湯の花橋付近から上流は河畔林が発達し、瀬と淵が交互に現われ景色も楽しめる。またここは良型が顔を出してくれる区間でもある。

塩地平集落付近には大規模な砂防堰堤がある。この上流は川幅がやや狭まり、落差も出てくる。エサ釣りの場合、5mクラスのサオが使いやすいだろう。ヤマメとイワナの混生域で、時折り思わぬ良型がサオを絞り込むこともある。（我妻）

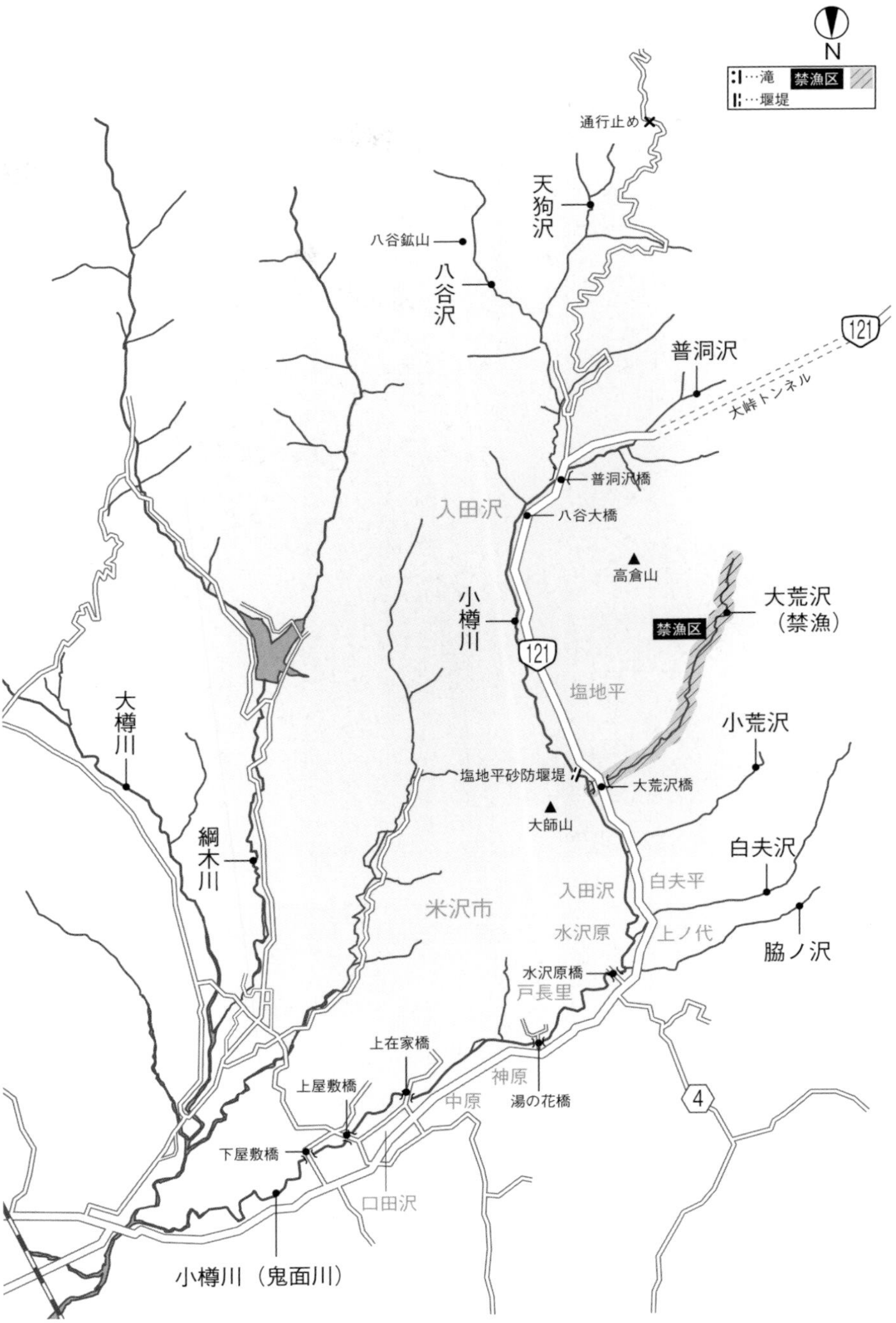

N
…滝
禁漁区
…堰堤
通行止め
天狗沢
八谷鉱山
八谷沢
121
普洞沢
大峠トンネル
普洞沢橋
入田沢
八谷大橋
高倉山
小樽川
大荒沢（禁漁）
禁漁区
121
塩地平
小荒沢
大樽川
塩地平砂防堰堤
大荒沢橋
大師山
綱木川
白夫沢
入田沢
白夫平
米沢市
水沢原
上ノ代
脇ノ沢
水沢原橋
戸長里
上在家橋
神原
4
上屋敷橋
中原
湯の花橋
下屋敷橋
口田沢
小樽川（鬼面川）

赤川水系
大鳥川支流

東大鳥川《ひがしおおおとり》

怪魚タキタロウ伝説の池に水源を発する ルアー、エサ、毛バリそれぞれが楽しめるイワナの渓

東大鳥川は源太沢と分かれると七ツ滝沢と名を変える。開けた渓相はフライにも最適

登山者の憧れ朝日連峰への縦走路の基盤ともなっている大鳥地区には、キャンプ場、釣り堀、食堂と土産物のあるタキタロウ館と、釣り人や登山者が泊まれる旅館朝日屋があり、釣りや登山のアプローチには大変便利で人気がある。

●大場所はルアーが威力を発揮

荒沢ダムのバックウオーターから始まる東大鳥川は、水源となる以東岳直下の大鳥池、源太沢、冷水沢、西ノ俣沢などがそれぞれイワナの宝庫として知られ、水量豊富な支流群から渓の水を集めて太い流れを見せている。

はじめは車道沿いの、川幅が広くポイントを絞りづらい渓相がしばらく続く。しかし所々に大淵や堰堤の落ち込みがあり、大場所に有利なルアー釣りが威力を発揮する区間である。

釣り人や登山者が駐車する泡滝取水ダムのある泡滝駐車場は、舗装され簡易トイレのある登山口となる。ここまでの区間は泡滝ダム取水がカギを握る。取水されて下流に流れていなければ泡滝ダムか

七ツ滝沢でフライでヒットしたイワナ

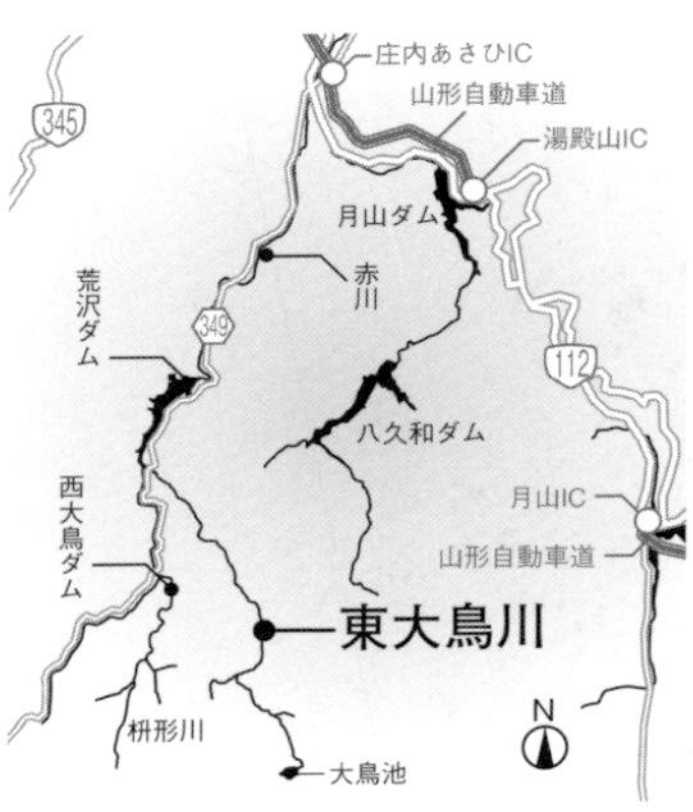

information

●河川名　赤川水系大鳥川支流
東大鳥川
●釣り場位置　山形県鶴岡市
●主な対象魚　イワナ
●解禁期間　4月1日～9月30日
●遊漁料　日釣券1050円・
年券4150円
●管轄漁協　赤川漁業協同組合
（Tel0235-22-2077）
●最寄の遊漁券取扱所
旅館朝日屋
（Tel0235-55-2233）
●交通　山形自動車道・庄内あさひIC下車。県道349号で荒沢ダムへ進み、バックウオーターから林道へ入り泡滝ダム登山道入り口駐車場へ

ら下流は極端な渇水となり、歩きやすいが釣果は今ひとつ。雨後や雪解け終盤、梅雨の増水時は、ルアーが威力を発揮し、ねらいめとなる。

●複雑な流れの好ポイントはエサで

泡滝ダム上で西ノ俣沢と分かれた東大鳥川は登山道の右直下を流れ、豪快な音と冷気を送ってくれる。大石の間を縫うように流れて落ち込むさまは大イワナの予感を誘い、釣欲もよりいっそう高まる。この区間はしばらく登山道から見える流れとなる。

流れが急で遡行しづらい所もあるが、そんな時は一旦登山道に上がり、時にはロープを使い川に降りて淵に潜む大ものをダイレクトにねらうことも可能となる。ただ、簡単に降りられるポイントから入渓してもよいが、場荒れがあり釣果の上がらない時も多い。

上流の源太沢出合付近、第二吊り橋までしばらく距離があり、大きなイワナをねらえる淵が連続する。ドバミミズが効果を発揮するエサ釣りが有利な区間とな

大石の間を縫うように流下する渓相はイワナの気配が濃密だ

スタート地点となる泡滝ダムを望む

キャンプ場も併設されたタキタロウ館

水量豊富な支流群から渓の水を集めて太い流れを見せる本流の渓相

る（ほかに、ブドウ虫など）。

●七ツ滝沢は毛バリが有効

東大鳥川は源太沢と分かれると七ツ滝沢と名を変え、登山道第二吊り橋を抜けて上流に向かう。

この区間は沢幅も狭くなり始め、源流域の様相を呈している。はじめは大鳥池からの湧き水が流入して水量も豊富で、期待がわく。石の多い流れは落ち込みに最高のポイントを作り出し、テンカラやフライが有効である。さほど大きくはないが、源流らしい色と体型のイワナが釣れる。

途中から河床の石が黒っぽい色になるのに気が付くと、通ラズの七ツ滝は遠くない。大鳥池から流れ出す水は渓の色を変え雰囲気をも変えている。そして大ものの予感。気が付くとイワナは下流より確実にサイズアップしている。

七ツ滝は川通しは出来ず、大鳥池までは辿り着けないので注意。安全のため滝の手前までの釣行で終了としたい。また、激流で花崗岩の石が磨かれるのか、全体

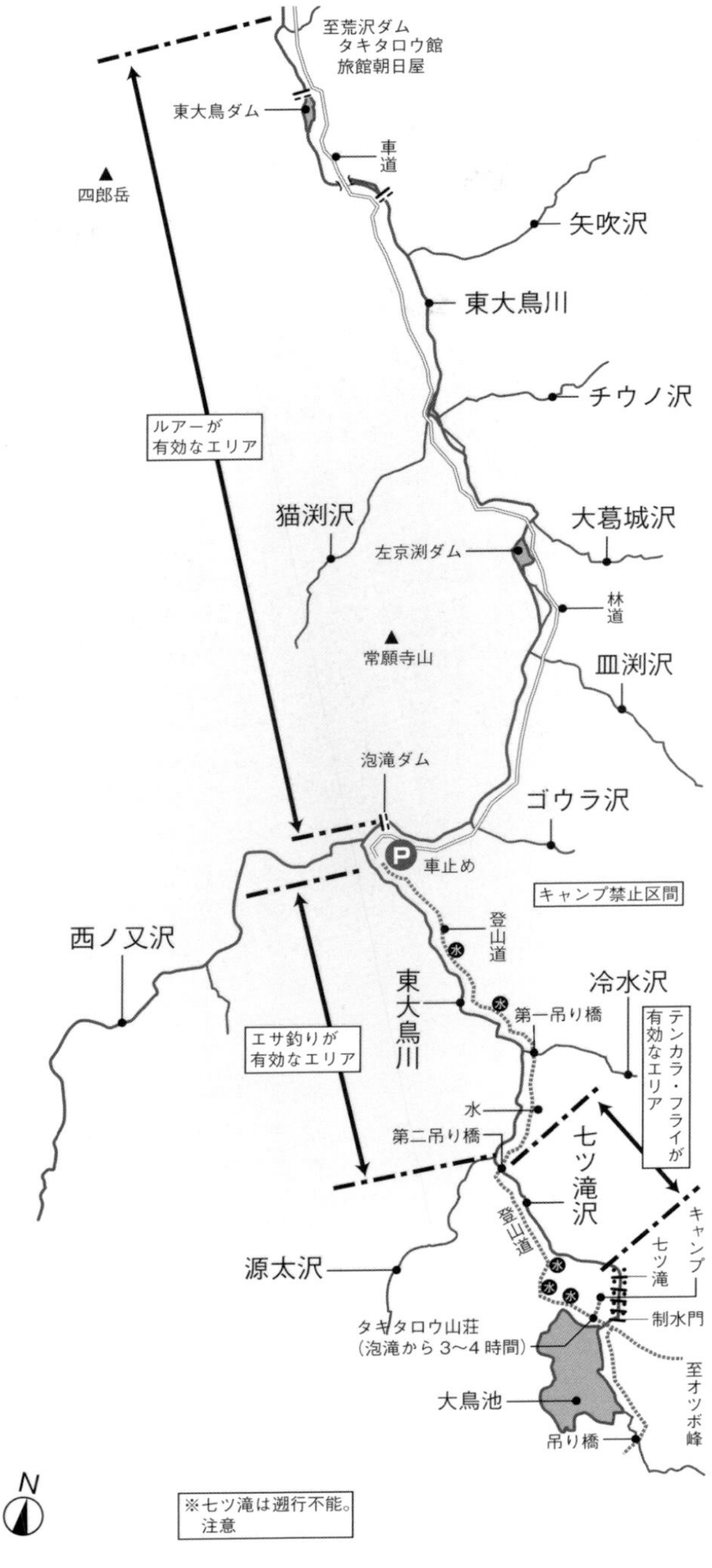

につるつるで滑りやすく、転倒や怪我には充分な注意が必要である。

帰りは七ツ滝沢を下り第二吊り橋まで出て、そこから登山道を2時間あまり下れば泡滝ダムの駐車場までたどり着ける。日帰り釣行でも、もしもの時のためにヘッドライト携行が鉄則である。

東大鳥川の釣期の目安は、春の残雪期が終わり、水量が落ち着く頃からがよい。雪解け時は徒渉も困難なくらい増水しているため危険が伴う。登山道は6月に入ってから第一、第二吊り橋の足場板が設置される。それまでは雪崩や雪代期の増水のためかなり危険。また登山道一帯はキャンプが禁止されている。キャンプは下流のタキタロウ館キャンプ場で、またその際はタキタロウ館に届け出ること（車1台2000円）。

夕方や早朝はクマやサルが出没するので、鈴などの安全対策も忘れてはならない。真夏はメジロアブの対策も忘れずに。

（岡部）

赤川水系 大鳥池上流

東沢《ひがし》

大鳥池に流れ込む釣り可能な貴重な沢
先行者がいなければ一発大ものイワナねらいのチャンス

幻の巨大魚タキタロウで有名な大鳥池は、朝日連峰以東岳の直下、標高963mの高地に位置する山上湖。太古の地殻変動で山腹が崩壊し、渓が堰き止められできた池と伝わる。主な水源は西沢、中ノ沢、東沢の3本。その中で唯一釣りが出来るほどの流程をもつのが東沢だ（西沢は永年禁漁）。

大鳥池のイワナは沢に遡上して産卵する。生まれたイワナは沢に居着くもの、池に下るものがいて、両方で多くのイワナが増えていく。その意味でも東沢は重要な役割を担っているといえる。

大石が点在し、大淵はないが変化に富んだ流れのイワナ釣り場が現われる

●涸れ沢模様の出合の先で流れが復活

大鳥池が平水時、あるいは灌漑用に制水門を開けて水面が3mほど下がった時はさらにそれが顕著となるが、東沢との出合は通常伏流水となり、干上がっている。しかし100mほど遡ると突如復活して釣りの出来る流れとなる。上流へ行くにしたがい河原の石は少しずつ大きくなる。やがて全体に大石が点在し、大淵はないが変化に富んだ流れのイワナ釣り場となる。

大型イワナとの出会いが期待できる渓だ

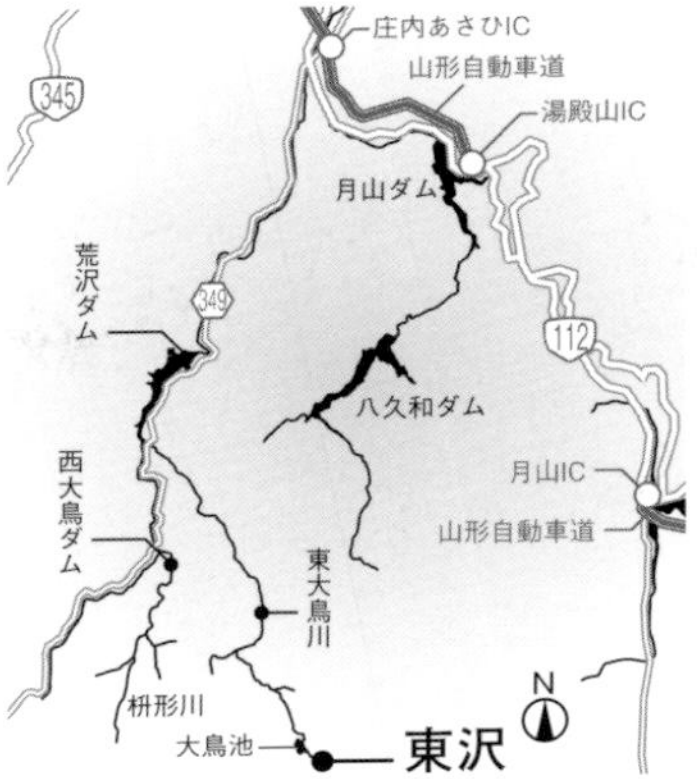

information

●河川名　赤川水系大鳥池上流東沢
●釣り場位置　山形県鶴岡市
●主な対象魚　イワナ
●解禁期間　4月1日～9月30日
●遊漁料　日釣券1050円・年券4150円
●管轄漁協　赤川漁業協同組合（Tel0235-22-2077）
●最寄の遊漁券取扱所　旅館朝日屋（Tel0235-55-2233）
●交通　山形自動車道・庄内あさひIC下車。県道349号で荒沢ダムへ進み、バックウオーターから林道へ入り泡滝ダム登山道入り口駐車場へ

以前、沢のスノーブリッジがなくなる7月以降の梅雨時期に2日ほどまとまった量の雨が続いた時、伏流水のバックウオーター付近に薄濁りの1m以上の流れが蘇り、池と沢が完全につながった。この時を逃すまいと池のイワナたちが、東沢上流へ川底が一部黒く見えるほどの数十尾の固まりで遡上して行くのを筆者は見たことがある。その中には確実に40～50cmを超えるイワナも混じっていた。

遡上した大イワナの一部は姿を隠せる場所を見付け、沢に居着くと思われる。そんな条件を満たす隠れ家を捜し当てるのも大イワナに巡り合う重要な要素だ。いたる所ポイントの渓相は、こまめに探ることが大切である。

この沢のイワナたちはかなり早くから産卵行動の準備を始めるようだ。梅雨時期から釣れる尺上イワナで、排泄口がすでに産卵期と同じ状態になっている個体を見かける。雪解け後、雨の増水で遡上できる状況になれば即、産卵行動を示すのがこの沢と池の独特な生態ではないかと私は考えている。

大鳥池の主な水源は西沢、中ノ沢、東沢の３本。その中で唯一釣りが出来るほどの流程をもつのが東沢だ

遡上した大イワナの一部は姿を隠せる場所を見付け、沢に居着く

東沢はイワナの数も多いが、大ものねらいの一発勝負的なところもある。先行者がいなければ、それだけで可能性は充分あると思われる。小型は上手にハリを外し放流して頂くと、少しでも将来のためにイワナの保護につながる。

筆者は平成19年、11回の大鳥池と東沢釣行で9月に居着きの52㎝、鼻曲がりのオスの黄色いイワナを釣りあげた。また別のシーズンにも50㎝と49㎝、現在まで40㎝オーバーを10尾以上釣っている。参考までに仕掛けは（50㎝対応）、サオ7m、水中イト主に1・5号、ハリは尺イワナ9～10号、オモリ4～5B（ゴム張り）。エサはドバミミズ、ブナ虫等。

大ものを手にするには何度も通い自分なりの情報を集め、ねらう時期を的確に読み予想出来るようになれば、可能性は格段に上がるはずである。

●登山道で安全に

東沢への釣行は、泡滝ダムの駐車場から整備された登山道を、徒歩で3時間から4時間で迷うことなく大鳥池の素泊まり可能なタキタロウ山荘に着く。

徐々にきつくなる登山道には各所に現在位置の看板と、冷たい湧き水の水場もあり、猛暑の日も水分補給ができて大変心強い。山荘に泊まりゆっくり釣りを楽

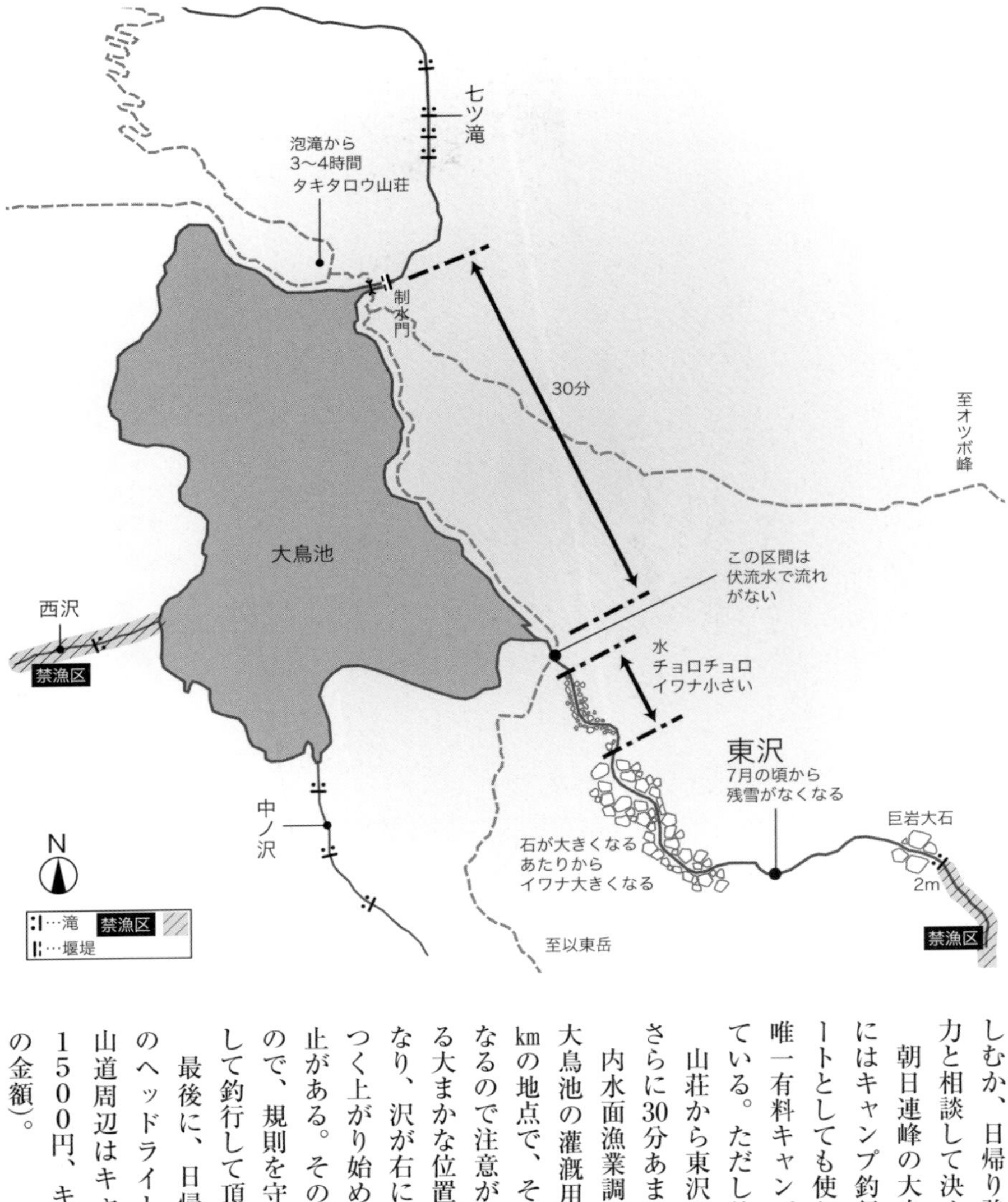

しむか、日帰り強行するかは、自分の体力と相談して決めるとよいと思う。

朝日連峰の大自然をより満喫したい方にはキャンプ釣行もお勧め。普段ヘリポートとしても使われる場所だが、そこは唯一有料キャンプサイトとして利用されている。ただし焚き火は禁止。

山荘から東沢までは、登山道の延長をさらに30分あまり歩くことになる。

内水面漁業調整規則によると、東沢は大鳥池の灌漑用制水門落ち口から1・5㎞の地点で、その上流が釣り禁止区域となるので注意が必要だ。禁止区域の始まる大まかな位置は、沢全体の石が大きくなり、沢が右に湾曲して、高度が急にきつく上がり始める付近に2mほどの旧魚止がある。その付近から上流が禁漁区なので、規則を守り安全にも配慮し、注意して釣行して頂きたい。

最後に、日帰り釣行の場合、帰路用のヘッドライトを忘れずに。林道、登山道周辺はキャンプ禁止。小屋泊まり1500円、キャンプ500円（各1人の金額）。（岡部）

赤川水系

湯《ゆ》井《い》俣《また》川

入渓の目安は6月後半から
八久和ダムから遡上する大イワナも期待

オリト沢の合流点から、ほどなくすると現われる湯井俣川本流のF1。遡上ものの大型が顔を見せてくれることも

湯井俣川は、大イワナが釣れることで有名な八久和川と同じく八久和ダムに流れ込む河川である。険谷といわれる八久和川に比べれば入渓しやすく、頑張れば日帰りも可能で、沢泊まり用の大きなザックを背負うことなく釣りができるのが魅力だ。

入渓の時期は、だいたい6月後半からが望ましい。直近の降雪量と気候によって異なるが、早い時期に入ると、雪渓の

F1の少し下流で釣れた40㎝オーバー。下流に向かってどんどん走っていくパワーは、大型魚ならでは

information

●河川名　赤川水系湯井俣川
●釣り場位置　山形県鶴岡市
●主な対象魚　イワナ
●解禁期間　4月1日～9月30日
●遊漁料　日釣券1050円・
年券4150円
●管轄漁協　赤川漁業協同組合
（Tel0235-22-2077）
●最寄の遊漁券取扱所
旅館朝日屋
（Tel0235-55-2233）
●交通　山形自動車道・庄内あさひIC下車。県道349号で荒沢ダムへ進み、途中で「八久和ダム　鱒淵」の標識に従い左斜めの鱒淵林道に入る。八久和峠を越えダム沿いから終点のダム管理棟付近の駐車スペースへ

処理や雪代による増水でなかなか前に進めずに時間だけが過ぎていってしまい、釣りを楽しめないことがある。

●バックウオーターから 1時間の歩きで最初の入渓点

県道349号から鱒淵林道に入り、八久和ダムを目差す。途中、八久和川へと続く分岐点をスルーし、八久和ダム沿いにしばらく車を進めると管理棟が見えてくる。管理棟から少し離れた場所に駐車したら、いよいよ歩きでのスタートとなる。コンクリートでできた八久和ダム本体を右岸側へ渡り、ダム沿いに延びる旧林道をひたすら歩き、まずは湯井俣橋を目差す。

車止から歩き出し、バックウオーターを眺めながら小一時間ほど歩くと湯井俣橋に到着する。ここが湯井俣川の最初の入渓点だ。さらに上流を目差すのであれば、橋を渡って踏み後をたどり、約2時間かけて旧車止までの道のりを行くのがお勧め。雨後で水量が増した状態では徒渉も困難になるので、沢通しよりも楽に

右を流れるのが湯井俣川本流。手前左から流れ込むのがオリト沢だ

見事な尾ビレの良型イワナを手中に収めれば、おのずと笑顔がこぼれる

上流にたどり着くことができる。しかしながら近年は、旧林道も荒廃が進んでいる。特に湯井俣橋を渡ってから始まるジグザグに上る箇所では、土砂崩れにより道が分断されていて分かりにくくなっているので注意が必要だ。

湯井俣橋から入渓すると、おそらくハヤの猛攻にあうだろう。エサ釣りの場合は、普段よりも多めにエサを持っていくことをお勧めする。それらをかわし、遡上ものの大イワナが釣れた時の喜びは格別だろう。

●イワナだけを釣りたい方は……

ハヤの猛攻にうんざりした方は、少々歩くことになるがハヤ止の落ち込みの上まで行ったほうが無難かもしれない。ハヤ止の落ち込みは右岸・左岸のどちらでも巻くことはできるが、若干スリリングな思いをすることになる。

ハヤ止の落ち込みを越えると、イワナオンリーとなり落ち着いて釣りができる。ここから少し上流に行くと、旧車止からの降り口があり、オリト沢出合を経て湯井保川Ｆ１までの区間が、遡上ものの大イワナがねらえる激アツポイントとなる。泊まりで入るのであれば、旧車止の降り口を上がって踏み跡がＹ字になっている所を右に進むと快適なテン場がある。雨が降ってどんなに増水しても湯井俣川の本流を徒渉することなく、旧林道をたどって安心して帰ることができるので、そちらを利用するとよいだろう。

２泊以上するのであれば、ザイルワークのできる上級者向けのコースになるが、湯井俣川Ｆ１の上から始まるゴルジュ帯を突破してみてはいかがだろう。そこを抜けた先には、たくさんのイワナたちが泳いでいる楽園があるかもしれない。

最後に、旧車止までの道は近年の記録的な大雨のせいか、各所で崩落が起きており年々歩きにくくなっている。幾度も通っているベテランにおいても充分に注意して、事故のないようにイワナ釣りを楽しんでいただきたい。

（曽野部）

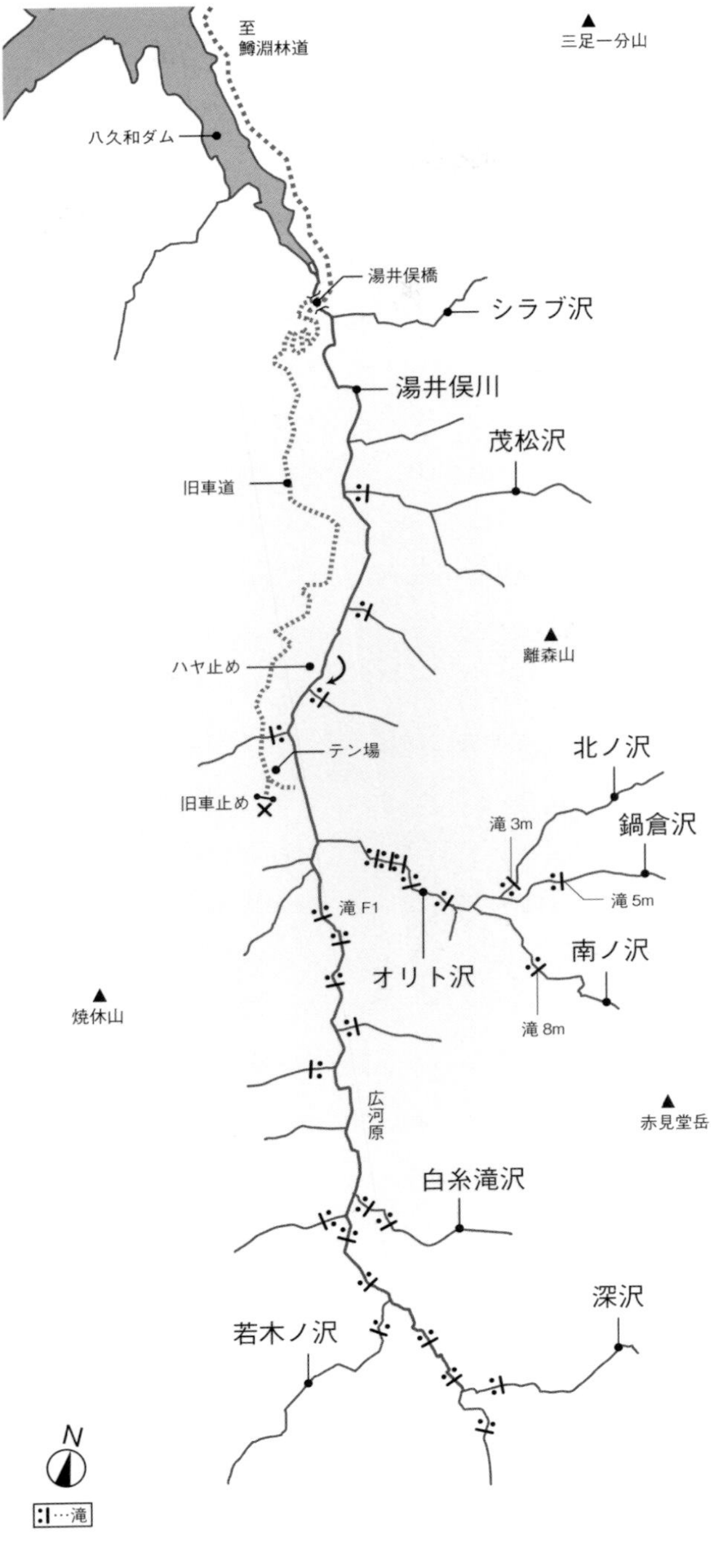

赤川水系

八《や》久《く》和《わ》川

源流マン憧れの大イワナの聖地
気力・体力・経験を総動員してなおかつ無理なく挑みたい

八久和川では日帰りは考えず、始めから山泊まりの釣行で計画したほうがよい。手付かずの流れを満喫できる

●歩いて歩いて、また歩く

アタックはダムのバックウオーター付近左岸にある車止から始まる。とにかく歩くことが第一の八久和釣行は、以前の林道の跡がヤブ道となって残る平坦な小道から、途中、小沢の橋が雪崩で吹き飛ばされてなくなっているが、始めの30分くらいは比較的楽な遡行である。

さらに進むと最後の橋が残っている小沢を越える。その先で林道の跡は消え、すぐに本格的な山辿《たど》りとなり徐々に厳しさがあらわになるが、その厳しさに負けずさらに長時間歩く覚悟が必要だ。ヤブに覆われた踏み跡の脇には所々にテン場の跡が見受けられるが、それは荷物の重さからくる疲労と踏み跡の厳しさに遡行をあきらめ、敗退した人たちが泊まった所でもある。しかし無理をしてはならないのが山の掟なので、その判断は結果的に正解ともいえる。

さらに厳しさと不明確さを増す踏み跡は、ブナ林やヤブのヘツリなど、アップダウンとともにより一層体力を奪っていく。無理をして本流に降りサオをだせる場所があるにはあるが、川通しの遡行は泳いでも無理な所も多々あるので、ハキダシ沢まで3～4時間は頑張って歩いたほうが釣りには有利である。

八久和川では日帰りは考えず、始めから山泊まりの釣行で計画したほうがよいと思う。その際は、出来ればベテランのガイドか、何度か八久和を経験したルートの分かる人に同行してもらうほうが、当然だが安全で心強い。

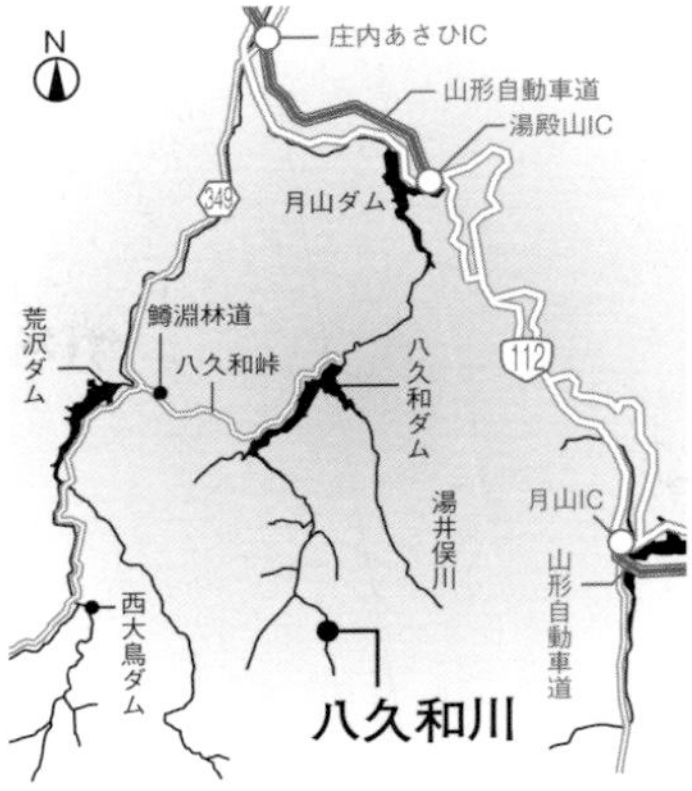

information

- ●河川名　赤川水系八久和川
- ●釣り場位置　山形県鶴岡市
- ●主な対象魚　イワナ
- ●解禁期間　4月1日～9月30日
- ●遊漁料　日釣券1050円・年券4150円
- ●管轄漁協　赤川漁業協同組合（Tel0235-22-2077）
- ●最寄の遊漁券取扱所　旅館朝日屋（Tel0235-55-2233）
- ●交通　山形自動車道・庄内あさひIC下車。県道349号で荒沢ダムへ進み、途中で「八久和ダム　鱒渕」の標識に従い左斜めの鱒渕林道に入り、八久和峠を越えて下り、大きな看板を鋭角に右折してダムバックウオーターの車止へ

テン場はフタマツ沢手前のハキダシ沢が一番使われていて、水場も近いし上流アタックにはちょうどよい位置にある。ハキダシ沢を越えて15分ほど平坦なブナ林を歩けば、フタマツ沢に到着する。フタマツ沢を越えてさらに15分ほど歩けば、左岸から本谷に降りられる根張りの垂直下降ルートがあり、ようやく釣りが可能な徒渉点に立てる。

●八久和本流の釣り

徒渉点より上流は川沿いに進めるが、所々胸近くまでの徒渉があり気は抜けない。大きな淵と深い淵のポイントを相手にする八久和本流の釣りは、長い丈夫なサオが必要になる。運がよければ尺以上のイワナが出る可能性があるので、仕掛け作りは万全にしたい。

横沢出合までは左岸にも踏み跡があるが、帰りのルートに巻き道として使うことができる。釣りながらの遡行は、川通しと巻きを繰り返すが、横沢までなら、なるべく釣りながら行くほうがよい。

カクネ平にテン場を設けて、カクネ下から広河原に釣り進めるのがおすすめだ

八久和のイワナたち。40㎝オーバーの大ものも期待できる

上流部への釣り場までアプローチがきつく、体力勝負となる。安全で楽しい釣りを心掛けたい

　さらに、カクネ平に向け踏み跡を辿るなら、徒渉点から山に入り、踏み跡は右岸のヤロウ平に移る。平坦だが不慣れだと不明確なヤブの踏み跡に難儀する。途中からルートは消えたり現われたりを繰り返すが、丸森平から先の一旦本谷沿いの岩場を進み、ふたたび山に戻る辺りから先は、ほとんど初めての人は先に進めず、ルート捜しに苦労する。10年くらい前までは踏み跡ルートも明確にあったが、最近は人が行かなくなり、さらに大雨や倒木等で消えたりで、より不明確になったようだ。踏み跡は、人が踏んで歩かないと徐々に消えていく運命なのだ。

　以前は、車止からカクネ平のテン場まではギリギリ日帰り可能であったが、現在は荒れたヤブでルートが不明確なのもあって、徒渉点まで戻るのにも以前の倍近くの約3時間を要する。

●カクネ平をベースに上流へ

　カクネ平にテン場を設けて、カクネ下から広河原に釣り進めば、大ものに巡り合う可能性がある。カクネ下流のゴルジ

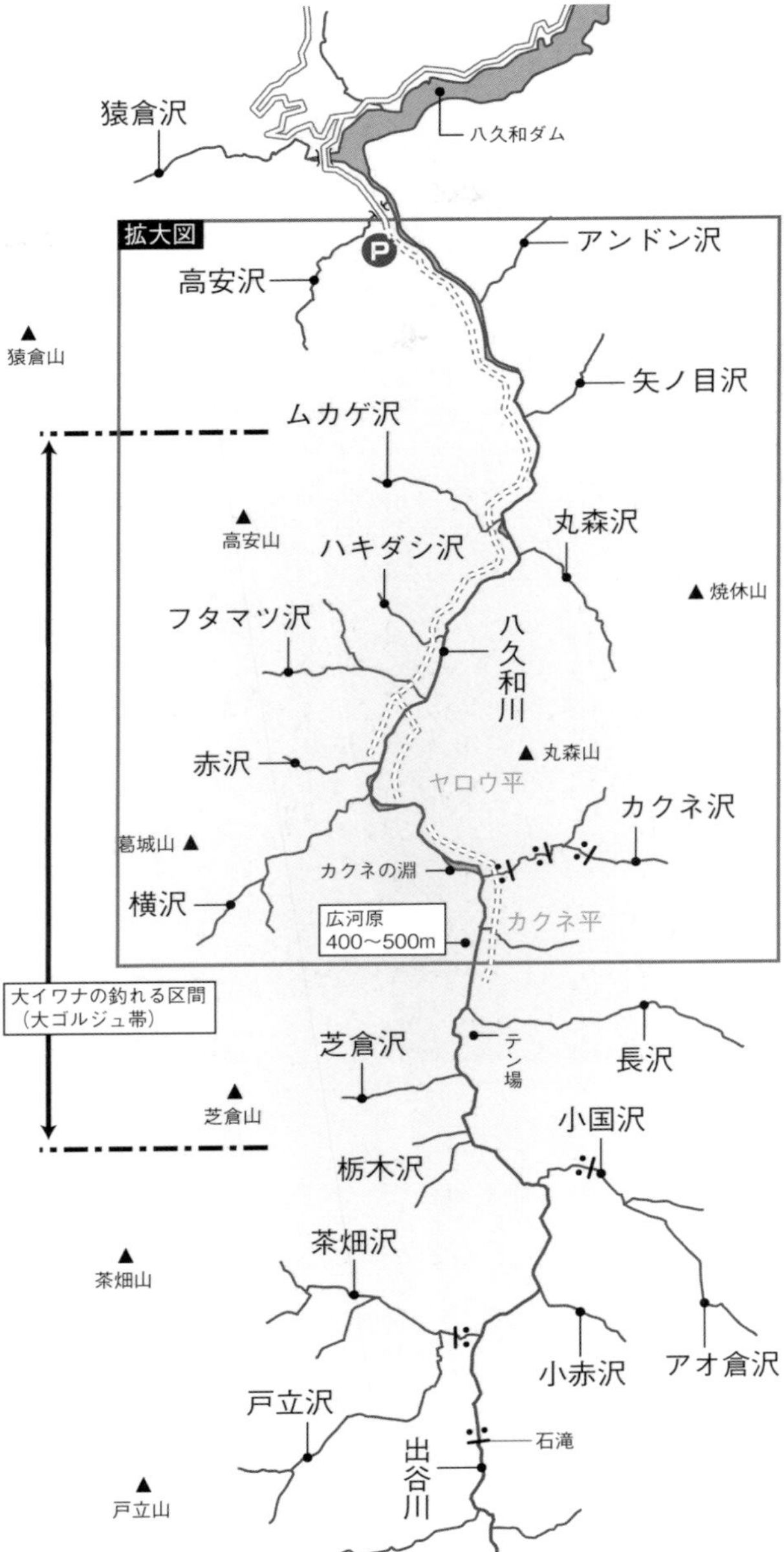

ュ帯の中に大きなイワナが溜まり、そこから遡上する場所がある。その溜まり場となる淵がカクネ淵だ。80㎝級の目撃情報もある通称「潜水艦イワナ」が広河原に出る前の休憩場所でもあるので、よく観察してぜひ挑戦してみるとよい。

カクネのテン場から20分ほどの広河原からは無数のポイントが現われ、川通しの楽な遡行と楽しめる釣りが始まる。右岸より出合う長沢をのぞき、小国沢まで辿り着けば、テン場のカクネ平までの帰途は1日コースとなる。

エサは何といってもドバミミズに限るが、持ち運びに苦労し神経を使う。また、緑色が強く羽のない山イナゴも爆発的威力を発揮する時がある。山道で見付けたら捕まえておきたい。

釣りに関しては、広河原の浅いポイン

トでも決して気を抜いてはいけない。なぜなら、ちょっとした石の裏や下から40cmオーバーが出る可能性があるのだ。タモ網も忘れずに用意しておきたい。

カクネ平テン場のブナの木には、先人達の付けた「ヤリマシタ59センチ」の山刀目が今でも残されている。

カクネ下流のゴルジュ帯の中にある淵を望む。大きなイワナが溜まる場所だ

広河原の浅いポイントも気を抜けない。ちょっとした石裏に 40cmオーバーが潜んでいる

仕掛けだが、エサ釣りの場合は7～8mザオにミチイト1号以上、オモリ4～5B、ハリ尺イワナ9～10号を目安とされたい。エサは前記のとおり。

●注意点

気を付けなければならないのは、ヤロウ平以遠は人が入りづらいぶん、クマとの遭遇が比較的多い。クマも年々巨大化し、私がカクネのテン場で遭遇したのは、ツキノワグマとは思えないほど大きな個体であった。テン場での対策は、残飯、イワナの食べかすなどは焚き火で燃やすこと。ビールの空き缶も、クマは缶に残った少量のビールを好むので放置しないことが肝心である。鈴や爆竹、もしもの場合のクマ撃退スプレーなど、装備は万全にして挑戦したほうがよい。

ハキダシ沢のテン場ベースなら1泊で釣行は可能であるが、カクネ平のテン場ベースの場合は、時間に余裕が持てるので2泊以上がお勧めである。

また、さらに上流を目差すなら長沢出合の砂場辺りにテン場を設けるとよい。

車止スタートからの遡行は、ハキダシ沢やカクネ平まで、ほとんどが段丘斜面の山辿りなので、渓流のフェルトシューズなら、ピンソール等の滑り止めを装着して歩くほうが安全で歩きやすく、ぜひ装備して頂きたい。ハードな歩きで汗をかくので脱水症状にも気を付け、水分補給の飲み物も忘れてはならない。

天候は、もちろん事前に予報を調べてから入渓するのはいうまでもない。山道は本谷よりだいぶ高い位置を通っている。


滑って滑落しないように細心の注意が必要。危険そうで自信のない所は、細引きを張って確保して切り抜けるとよい。

八久和川は上流部の釣り場までのアプローチがきつく、体力勝負となる。安全で楽しい釣りが出来るように、いかに気力と体力を維持するかが大切となる。

（岡部）

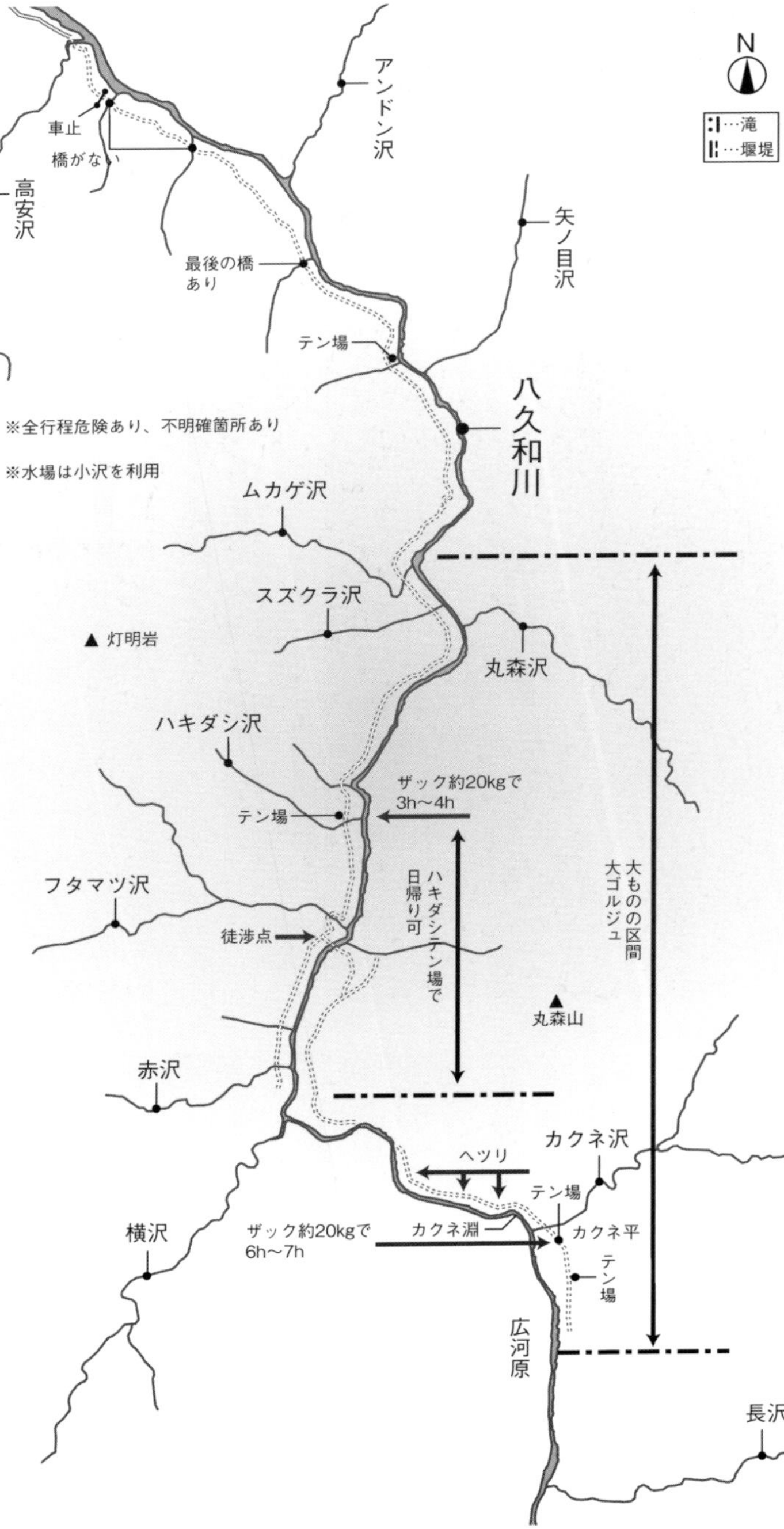

荒川水系

荒《あら》川

国内でも指折りのブナの森を体感できる流れ
大玉沢合流以遠は川通し、中下流は開けた渓流

流域には国内でも有数のブナ林が広がり、エメラルドグリーンの綺麗な水色が特徴だ

朝日連峰の主峰・大朝日岳を筆頭に、中岳、西朝日岳と1800m級の山々を連ねた朝日岳の南西斜面を水源にもつ荒川は、山形県小国町から新潟県胎内市で日本海に注ぐ大河川である。

　流域には国内でも有数のブナ林が広がっている。ブナは森の生き物を広く養い、山に降る雨を豊かに蓄える、いわずと知れた落葉広葉落葉樹の原生林を代表する樹木である。厳寒の豪雪地帯でも雄々し

朝日の雪解け水に鍛えられたイワナは精悍な顔立をしている

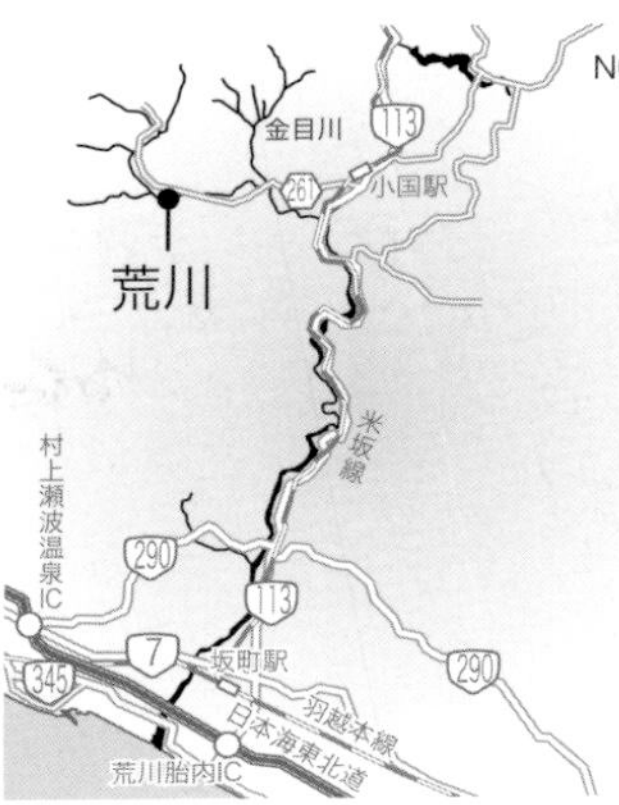

information

●河川名　荒川水系荒川
●釣り場位置　山形県西置賜郡小国町
●主な対象魚　イワナ、ヤマメ
●解禁期間　4月1日～9月30日
●遊漁料　日釣券1000円・年券4500円
●管轄漁協　小国町漁業協同組合（Tel0238-87-1944）
●最寄の遊漁券取扱所　ファミリーマート小国町店（Tel0238-61-1415）、セブンイレブン山形小国町町原店（Tel0238-62-2504）
●交通　日本海東北自動車道・荒川胎内IC下車。国道113号で小国町方面へ進み、町内で県道261号で荒川へ

く成長し、春には雪の中から芽を出す。新緑の季節には清冽な流れに磨かれた花崗岩の白と、ブナの緑、空色のコントラストが素晴らしい自然美を見せてくれる。

●中下流域は金目川合流点から

荒川の中・下流域は開放感のある渓流釣り場だ。対して上流～源流域は大小多くの滝を形成し、雪渓も遅くまで残ることから容易に遡行者を受け入れない。源流域は釣りというより沢登りの領域であり、沢登りとしての難易度も高いものがある。

金目川が合流する舟渡地区付近から釣り場は始まる。この辺りは川幅・水量もあり、エサ釣りであれば8m前後の本流ザオが必要。本流域は1つの瀬頭から瀬尻までの距離が長く、面積（体積）も渓流のそれとははけた違いである。したがってポイントの絞り込みは難しくなり、生息密度も低いのだが、大ものねらいの釣り人を引き付けてやまないヤマメ・イワナが生息している。

五味沢地区の流れには数基の砂防堰堤

源流域では、ヘツリ、泳ぎを強いられる

ゴルジュを突破した先に良型が待っているが、安全第一で楽しい釣行を！

源流部のイワナ釣り。大小多くの滝群を形成し、その滝壺には大ものが潜む

が見られる。この辺りになると川幅もやや狭まり、渓流釣りの様相となる。朝日平キャンプ場付近の砂防堰堤までは主にヤマメ、それより上流はイワナのみが生息する。

車の通行は針生平まで。車止から角楢《かくなら》沢出合までの流れは開けて景色もよく、気持ちよいイワナ釣り場が続く。また大玉沢までは登山道が延びている。ただし途中で3回現われるワイヤの吊り橋は、高度感もあり緊張する。この区間はどこからでも入渓出来るが釣り人も多い。

角楢沢出合付近から大玉沢上部の滝までは、小ゴルジュ状の箇所も現われる。平水時は胸までのヘツリと徒渉で遡行は可能だろう。しかし「荒川」の名のとおりここは暴れ川、一旦水かさが増すと、あっという間に増水して徒渉が利かなくなる。天気の急変には充分に注意する必要がある。

●川通しの上流域

大玉沢出合から魚止までは登山道が通っておらず、川通しとなる。大玉沢出合

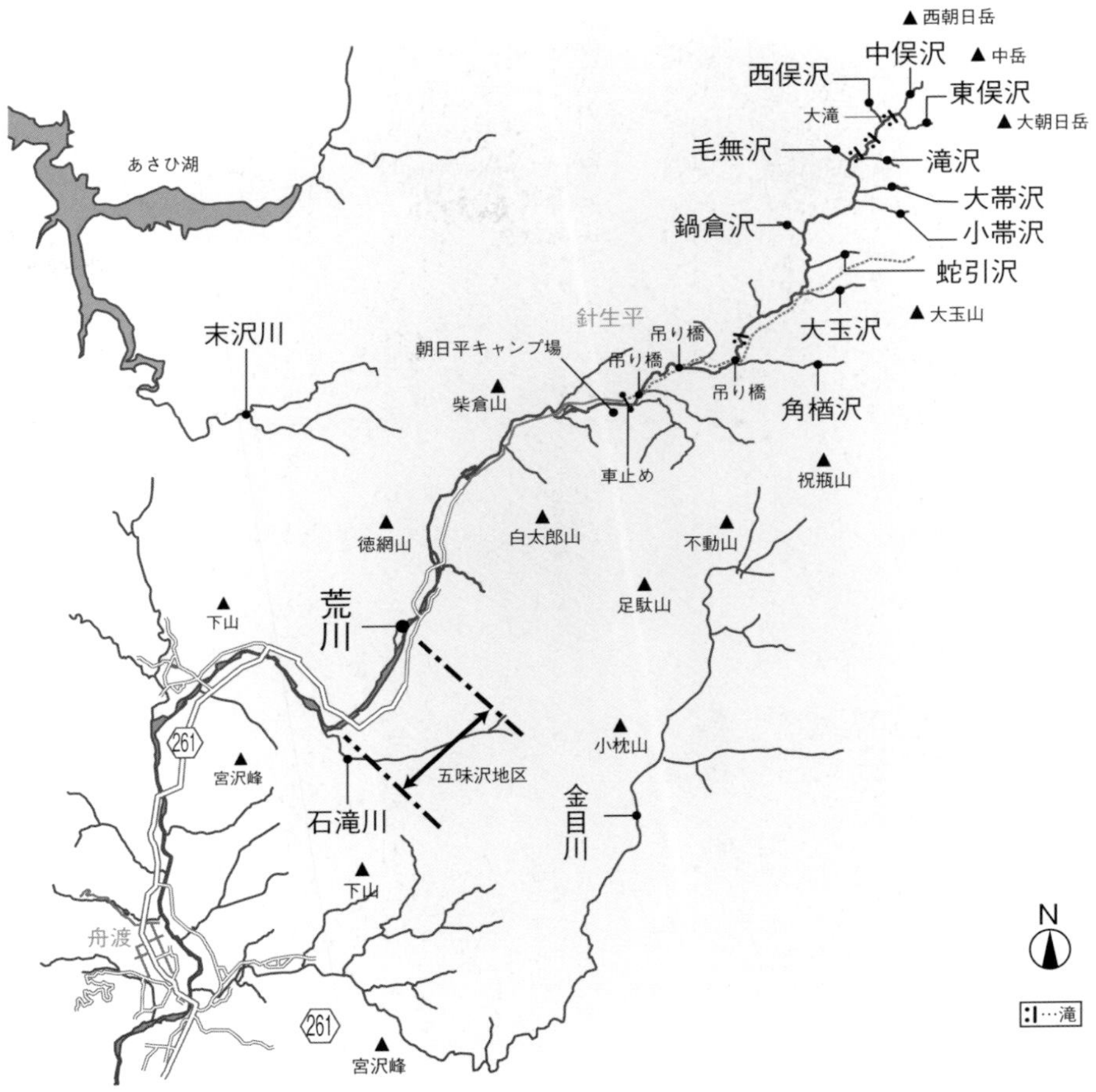

からしばらくは河原状の流れが続き、そして徐々に落ち込みやトロ場などのポイントが点在するようになる。

左岸から出合う蛇引沢を過ぎると、すぐにマス止ノ滝。この滝は2段になっており右岸を巻く。滝の上は広大な河原が広がり、朝日の山々が遠望できる。

鍋倉沢出合付近は、両岸のスラブ状の山々から滑り落ちた雪が大雪渓をつくり、例年遅くまでこれが残る。ゴーロ帯を過ぎるとふたたび河原が広がり、ここが上流域のハイライトの1つとなる。

小帯沢、大帯沢と左岸から連続して沢が出合うと、ほどなくゴルジュの入り口。さらに進むと左岸から滝沢が出合い、この前後が魚止とされる。渓泊まり釣行の場合、大帯沢付近のテン場を逃すとその先は延々とゴルジュが続き、大滝上部の中俣沢と東俣沢出合まで適地がない。またこの辺りは泳ぎとヘツリ、高巻の連続で完全に沢登りの領域である。確実な登攀技術、ビバークの技術が求められるとともに、的確な判断が必要である。

（我妻）

荒川水系

金《か》目《な》川《め》

最奥までは1日や2日で探りきれないスケールの支流
金目集落付近まではヤマメ、林道終点以遠はイワナの渓

在所平橋から入渓すると、いきなり雰囲気満点のダイナミックな源流っぽい渓相となる

金目川は、山形県から新潟県を経由して日本海へと注ぐ大本流・荒川の支流の中でも大きめの河川。自然豊かな朝日山系のお膝下・山形県小国町にある荒川との合流点から最奥までは、とても1日や2日では探ることはできない。荒川の合流点から金目集落付近までの下流部はヤマメ、大規模林道終点からの上流部はイワナがメインターゲットになる。

CDCアントに飛び出した良型のイワナ。口の中にフライがすっぽりと収められていた

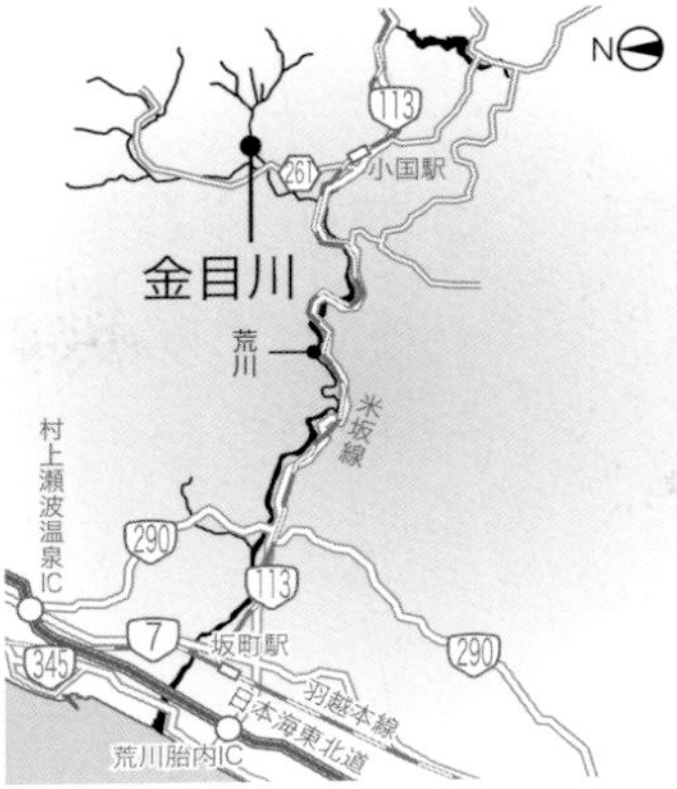

information

●河川名　荒川水系金目川
●釣り場位置　山形県西置賜郡小国町
●主な対象魚　イワナ、ヤマメ
●解禁期間　4月1日～9月30日
●遊漁料　日釣券1000円・年券4500円
●管轄漁協　小国町漁業協同組合（Tel0238-87-1944）
●最寄の遊漁券取扱所　ファミリーマート小国町店（Tel0238-61-1415）、セブンイレブン山形小国町町原店（Tel0238-62-2504）
●交通　日本海東北自動車道・荒川胎内IC下車。国道113号で小国町方面へ進み、町内で県道261号で金目川へ

国道１１３号を経由して小国町に入ると、小国町役場を横目に県道２６１号を使って荒川の上流部を目差す。金目川の下流部は、荒川本流に架かる沖庭橋の上から荒川との合流点が見えるので分かりやすい。地域住民の邪魔にならないように車を停めて入渓するとよい。

金目集落より少し上流にある堰堤からが中流域になる。しばらくすると川はゴルジュ帯となり、一般的な釣り人を寄せ付けない感がある。上流部に大規模林道が通る前は、この区間の遡行が厳しいために入渓者を選ぶようであった。入渓の際はそれなりの装備を持って、慎重に挑んでほしい。

●上流部は巨岩帯のイワナ釣り場

上流部に入るのであれば、五味沢集落から石滝川の上流を目差すかたちで大規模林道に入り、車止に向かう。大規模林道ができた当初から数年は金目川に架かる在所平橋まで車で行けたのだが、大規模林道はメンテナンスされることなく荒廃が進んでいる。今では５００ｍほど手前の公衆便所跡地までしか進むことができない。公衆便所跡地の周辺もコンクリートでできた道路にヒビが入っていて危険な状態であり、駐車場所は充分に注意して頂きたい。

在所平橋から入渓すると、上流に向かえばいきなり巨岩帯となり、落ち込みが連続するいかにもなイワナ釣り場である。遡行はパズルを解くかのように大岩の間を縫って進むことになる。

在所平橋から下流に向かうと柴倉沢が出合うので、あえて釣り下ってみるのも面白いかもしれない。

上流部は巨岩帯を越えると渓相は一変して広河原になる。障害物が少ないのでテンカラやフライは気持ちよく振ることができる。在所平橋からすぐはさすがに入渓がしやすいためか、魚影はまばらだ。しばらくサオをださずに上流に歩いてみるのも手だ。川の規模からして超大型のイワナを望むことは難しいが、先行者がいなければ適度にイワナ釣りが楽しめるだろう。

上流部に関しては、ザイルワークが必要になるような危険箇所はあまりない。初心者にもおすすめの源流釣り場である。朝日山系の河川であれば、だいたいどこでも梅雨明けくらいからお盆を過ぎる頃まではメジロアブの猛攻にあうことになる。その間に入渓するのなら、防虫ネットなどによるメジロアブ対策はお忘れなく。

（曽野部）

上流部の開けた渓相では障害物が少なく、テンカラやフライが思う存分楽しめる

沖庭橋からながめる荒川と金目川の合流点。右から流れ込むのが金目川

荒川水系

横《よこ》川

豪雪地帯だがＧＷ頃から入渓可能
横川ダム上流は流れも健在、大イワナの遡上も見られる

共和橋上流の渓相を望む。道と川が近いので入渓しやすいが、駐車スペースは限られる

横川のヤマメ。美しい魚体が魅力的だ。カジカ滝まではイワナとヤマメの混生で楽しめる

飯豊連峰の地蔵岳を源に小国町綱木で明沢川と合流し、荒川に流れる中規模の渓流が横川である。２００８年、市野々付近に横川ダム（白い森おぐに湖）が完成し、川はダムの上下で二分された。ダム下流部は水質がよくなく、以前のように大イワナや大ヤマメをねらえる本流ではなくなってしまったのが残念だ。一方ダム上流部では、夏以降は一雨ごとに横川ダムからイワナが遡上するようになり、タイミングが合えば50㎝を超えるような

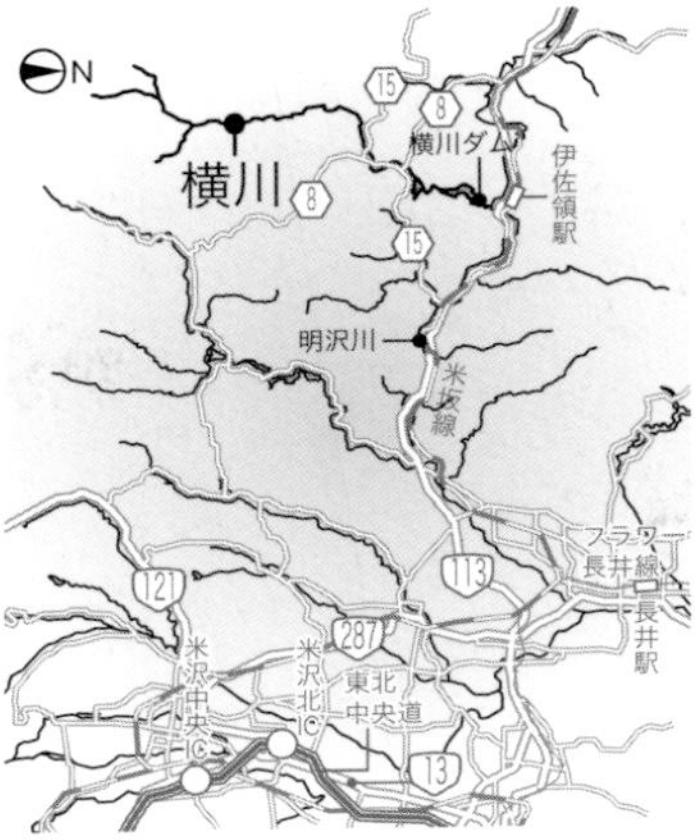

information

●河川名　荒川水系横川
●釣り場位置　山形県西置賜郡小国町
●主な対象魚　イワナ、ヤマメ
●解禁期間　4月1日～9月30日
●遊漁料　日釣券1000円・年券4500円
●管轄漁協　小国町漁業協同組合（Tel0238-87-1944）
●最寄の遊漁券取扱所　ファミリーマート小国町店（Tel0238-61-1415）、セブンイレブン山形小国町町原店（Tel0238-62-2504）
●交通　東北中央自動車道・米沢北IC下車。国道13、113号を経由して県道15号を横川ダム方面へ進み釣り場へ

大型がねらえるようになった。

ダム下流の横川は国道113号沿いを流れ、綱木箱口付近で大きく南に曲がり県道15号をしばらく進むと、右手に横川ダムが見えてくる。

ダム上流部は、赤石沢砂防ダムまではしっかりと整備された林道が走っており、この区間が一般的な釣り場となる。横川の釣りは、豪雪地帯の飯豊連峰にしては早く、GW頃から入渓できるのも魅力である。ただ雪代が完全に終息するのは、例年5月末から6月上旬となる。

●カジカ滝まではイワナとヤマメの混生

横川ダム上流・叶水地区の大石沢川合流点から上流の共和橋までは、比較的、道と川が近い区間が続いている。しかし車を停められる場所は意外と少なく、入渓点も限られてしまう。

オノ神橋から新股橋の間は石が大きく落差もあり変化に飛んだ区間で、ヤマメ、イワナの混生。ポイントも豊富だ。そこから上流は少しの間、谷が深く入退渓点がなくなってしまうのでベテラン向き。

カジカ滝を望む。ここまではイワナとヤマメの混生

赤石沢砂防ダム。ここまでは砂利道と川が近づいたり離れたりを繰り返す

下向橋上流の流れ。平瀬中心で所々に荒瀬やプールが点在している

さらに上流へ行くと河原田橋辺りで川がふたたび開け、入渓しやすくなる。共和橋上流は瀬の連続でヤマメ、イワナが混生し盛期にお勧めだが、300mほどで川は急にゴルジュ帯となり、水量が多い時は遡行が困難になる。その場合は右岸に林道が走っているので無理せず林道に上がって頂きたい。

ふたたび入渓できるのは、白滝上流で川と道の落差がなくなったところから。ここから500mくらいは川と道が並行するが、下向橋から少しの区間は離れてしまう。さらに上流の吊り橋の辺りから赤石沢砂防ダムまでは、砂利道と川が近づいたり離れたりを繰り返す。渓相も平坦で、平瀬中心で所々に荒瀬やプールが点在したり、両岸にアシが生い茂っていたりとさまざまな釣り場が連続する。

車止の約1・5km下流にカジカ滝があり、雨後は良型のイワナがねらえる。ヤマメはこの辺りまで。カジカ滝から約1kmで浅股沢が合流する。ここから上流は赤石沢と名を変え、ナメ床の区間が多くなる。

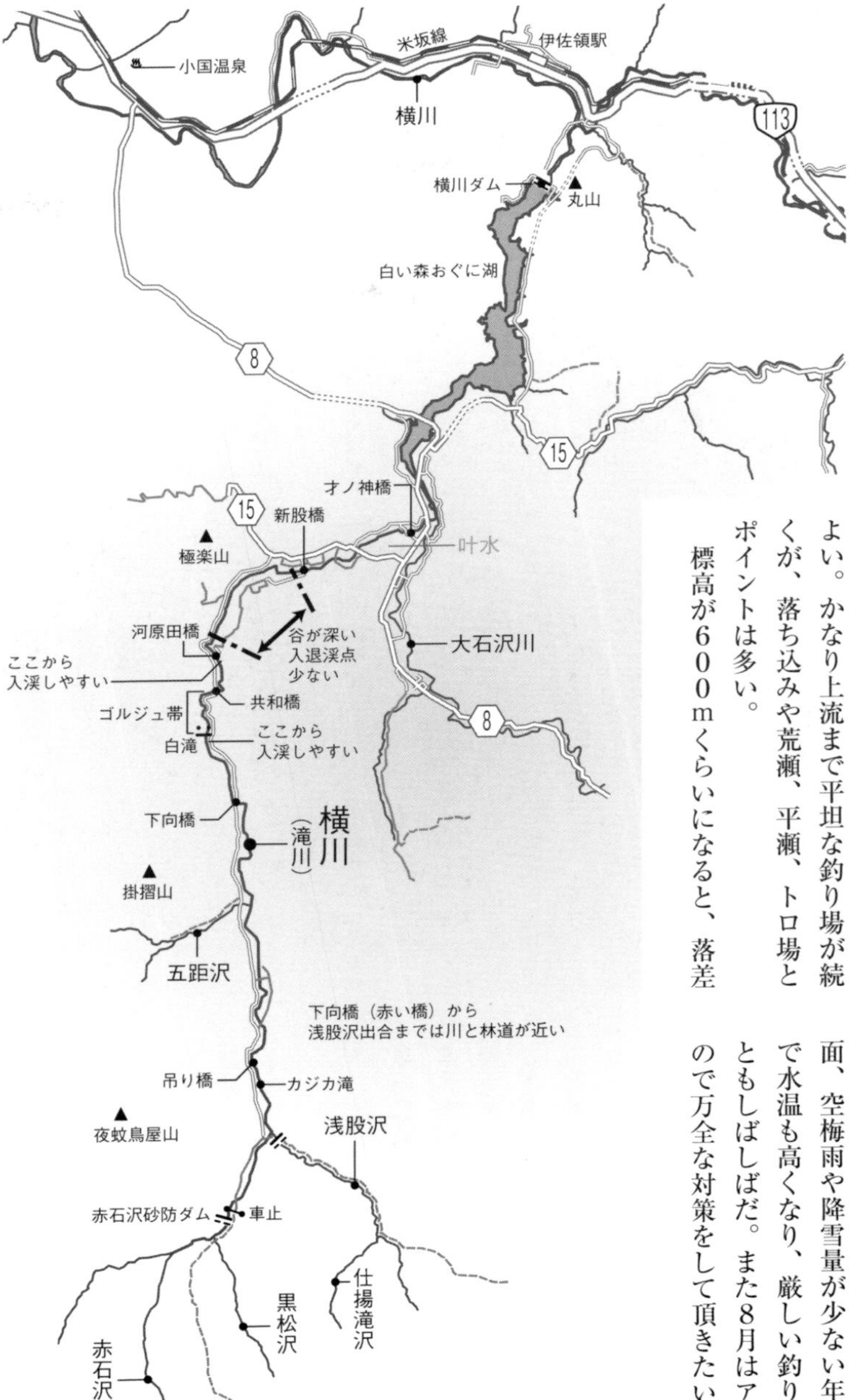

赤石沢砂防ダム５００ｍくらい下流から渓相がまたよくなり、底石も増え、中型のイワナが釣れだす。砂防ダムより上流は登山道もなく、川通しの釣り上がりとなる。３００ｍくらいで黒松沢と出合うがこの辺りは平坦で釣り味に欠けるので、20分くらい歩いてから釣り始めるとよい。かなり上流まで平坦な釣り場が続くが、落ち込みや荒瀬、平瀬、トロ場とポイントは多い。

標高が６００ｍくらいになると、落差もほどよく出てきてポイントも豊富になる。魚影も水量や天候に左右はされるが、中型イワナ中心に数釣りも楽しめる。

最後に、横川はハイシーズンが早い反面、空梅雨や降雪量が少ない年は超渇水で水温も高くなり、厳しい釣りになることもしばしばだ。また8月はアブが多いので万全な対策をして頂きたい。（曳地）

東俣沢の小ゴルジュでイワナがヒット
（撮影：丸山　剛。P82 下写真を除く）

三面川水系
猿田川支流

泥又川《どろまた》

猿田ダム上流に伸びる原始の渓
ルートは不明瞭な踏み跡を辿る。経験豊富なベテラン向き

私がもし誰かに今まで釣行した渓でどこが一番楽しく心に残っているかと尋ねられたら、一番に天下の八久和出谷川、次に秋田県の大深沢、3番目に青森県白神の赤石川（現在無断入渓禁止、世界遺産になる前に8回入渓）、そして4番目に泥又川と答えるだろう。

泥又川釣行は20回を優に越え、いろいろな思い出がある。東俣沢・西俣沢出合幕場に降りる途中、他の3人グループの1人が西俣沢で滑落事故を起こし、我々の目前でヘリコプター救助されたこと。行方不明者の捜査応援などもあった。

源流釣りでは、本州で60〜50㎝オーバーを釣った渓は、出谷川、八久和ダムに流入する湯井俣川支流オリト沢、泥又川の東俣沢の3渓だけだ。

●大明神滝まで

泥又川は猿田ダムに流入し、猿田川の支流であるが、約13㎞の流程に斧が一度も入らず太古のままの自然豊かな渓である。入渓は、一般的には山越えとなる。ルートは、下流部へは石黒沢から猿田川

information

- 河川名　三面川水系猿田川支流 泥又川
- 釣り場位置　新潟県村上市
- 主な対象魚　イワナ、ヤマメ
- 解禁期間　3月16日～9月30日
- 遊漁料　日釣券1500円＋税・年券5000円＋税
- 管轄漁協　三面川鮭産漁業協同組合（Tel0254-52-3758）
- 最寄の遊漁券取扱所 セブンイレブン小川店（Tel0254-53-2236）
- 交通　日本海東北自動車道・朝日三面ICより県道349号で猿田川野営場へ。冬季は岩崩集落まで通行可。5月上旬までは三面ダムのニツ森オートキャンプ場まで通行可。6月下旬までは積雪や道路状況によるが猿田ダム入口まで、猿田川野営場のゲートは7月中旬にならないと開かない。詳しい道路状況は村上市役所朝日支所（Tel0254-72-0111）に問い合わせのこと

を渡り上流に5分ほど遡行し、左岸の小峰に取り着き少し登ると不明瞭だが踏み跡がある。ただし尾根から下降の踏み跡はないので注意。小沢には入らず小峰を降りる。小沢はどの沢も厳しく、ザイルが必要となり要注意である。所要時間2～3時間、荷の重さにもよる。

下流部はザラ瀬が多く、大明神滝までは険しい所はない。広々とした河原が続くトチノキ沢出合から両岸岩場となり、大明神滝までは軽いゴルジュ。以前は大明神滝は3段になっていたが、10年前に右岸の大崩落で滝が埋もれてしまい、最上段の滝は落差を見るだけとなった。下降地点マヤマ沢上部から大明神滝までの釣行なら日帰り釣行も充分可能である。

大明神滝から東俣沢、西俣沢間は平水時なら腰上の徒渉でよいが、増水時は胸までの徒渉となり厳しいので無理は禁物だ。この間魚影は少ないが型はよい。

東俣沢の魚止滝４ｍでサオをだす

●上流部ルートも不明瞭

上流部の釣行は2通りある。猿田川野営場にゲートがあるが、近年ゲートが開いているのを見たことがない。平成の大合併で朝日村は村上市になった。村だった当時は、6月上旬には建屋は清掃され草も刈られ、管理人がいた時期もあった。

戸立沢ルートは、朝日スーパー道を10分ほど歩くと猿田川に降りるかすかな踏み跡を辿り猿田川を渡り、戸立沢を遡ること10数分、右岸に取り付き急登を小尾根に登ると昔のゼンマイ道に出る。踏み跡は年々不明瞭になってきたが稜線にある（一部見えず、要注意）。

赤イ沢ルートは、朝日スーパー道を3㎞ほど歩くと右手に赤イ沢の切目が見える。猿田川に降りる踏み跡は明瞭だ。猿田川を渡り10数分赤イ沢を遡ると、左岸から最初の小沢が昔のゼンマイ道の取り付けだ。約1時間30分急傾斜を登ると戸立沢からのゼンマイ道と出合う。時間的には赤イ沢ルートが一番短縮されるが急登である。

地形図に記載されている標高７６２ｍ手前、約４００ｍの鞍部を泥又川に下降すると大明神滝上部に降りるクロザエモン沢であるが、ここは上級者向けでザイルが必要となる。そこから尾根を標高７６２・３ｍを目差し9合目辺りを迂回途中に池糖があり、しばらく進むと東俣沢・西俣沢合流に降りるゼンマイ跡地へ下る小峰となる。途中、岩場と涸れ沢のルンゼがある。この辺りは踏み跡が分かりにくく迷いやすいので、下方の小尾根にヒメコマツ（五葉松）の見える小峰を目差す。西俣沢右岸上部のわずかながらの段丘を歩くが、渓側にあまり寄らないように注意する。最後のルンゼは20m前後下りるが、このへんからゼンマイ跡地までは踏み跡が消えてしまったので充分注意が必要だ。

東俣沢・西俣沢合流少し下流の右岸台地は昔のゼンマイ小屋跡で、以前より大部狭くなってヤブ化したものの、幕場絶好地である。

●上流部の釣り

水量は東俣沢が少し多く、イワナの型も大きい。昔のような大ものは釣れなくなったが魚止近くまで遡れば尺は何尾か釣れるだろう。タカハ沢が左岸から10mの滝で流入するが、二俣からここまでは廊下状になっているが一度のヘツリで何なく遡行できる。

タカハ沢上流から次の左岸からの小沢までは暗くゴルジュで途中に2つの滝。昔は大ものが釣れたポイントがあった区間だ。2つめの3m滝の右岸を巻くと左岸から小沢が出合い渓は明るくなるが、ナメが多くヘツリも出てくる。降雪にもよるが7月上旬から中旬まで残雪がある。

短いザラ瀬になり右岸から滝で小さな小沢が流入すると、目の前に東俣沢の魚止の滝4mが現われる。尺2寸クラスは必ず釣れると思うので粘ってほしい。滝上流にだいぶ前だが放流したが居着いているかどうか？

西俣沢は合流から100mほどで遡上止5mの滝がある。魚影は東俣沢より多いが型は尺止まりである。滝上は150

36㎝のイワナが釣れた東俣沢の魚止滝近くの渓相

東保沢魚止滝で出た36cmのイワナ

タカハ沢のゴルジュを抜けた左岸からの小沢出合で尺上が釣れる

東保沢、西保沢の出合。水量2対3で合流する

mほどゴルジュが続き、この間私はサオをだしたことがない。左岸から涸れ沢が出現するとゴルジュは終る。

だいぶ昔だが帰途時、にわか雨で増水した際、ゴルジュは危険なので涸れ沢を登り大高巻しようと登ったところ、かすかな踏み跡が二俣まで続いていた。恐らくゼンマイ採りの方が利用していたのだろう。以前、日帰りでゼンマイ採りをしていた方に、遡上止滝の滝ツボに流入する小沢には間違っても入渓するな、二度と上がることができないぞと聞かされたことがある。右岸からの幕場への高巻は絶対厳禁である。

西保沢魚止の滝までは小ゴルジュは何箇所かあるが、ザイルを使用する所はない。好ポイントが連続すると魚止7mの滝は近い。

東保沢、西保沢両沢とも魚止の滝から幕場まで帰路2時間は充分かかる。

太古の大自然に浸りサオを振り、イワナとの対面も源流釣行の楽しいひとときである。

（大山）

小スミ沢
チョウベイ沢
大スミ沢
ジッパ沢
小松沢
白目沢
猿田川
重蔵山
桝形山
大影境
赤イ沢
魚止滝 7m
西俣沢
牛首沢
第2 ゼンマイ跡
4 m
魚止滝4m
東俣沢
池塘
762.3
5m
3m
タカハ沢
幕場
タカノ倉沢
フスベ橋
第1 ゼンマイ跡
クロザイモン沢
堀切峰
※道が分かりづらいので注意
大明神沢
フスベ沢
大明神滝
ヤナギ橋
戸立沢
トチノキ沢
ヤナギ沢
泥又川
ゲート 7月中旬まで、開かない
喜助峰
ウルイ沢
猿田川野営場
砥沢
石黒橋
4m
石黒沢
マヤマ沢
朝日スーパー道
ウシヤクビ沢
5m
4m
349
トグ沢
ゲート 6月中旬まで、開かない
猿田貯水池
N
猿田ダム
ヨーガケ沢
…滝

荒川水系
大石川支流

西《にし》俣《のまた》川

大石ダム上流の源流部を紹介
廃道化した登山道を辿る泊まりがけのイワナ渓

西俣川支流の中ノ俣川を釣る。出合からザラ瀬が続き、ブッツケ、流木の落ち込みなどがポイントだ
（撮影：丸山　剛。P88 写真を除く）

西俣川のイワナ。美しい魚体に見とれる

大石ダム管理棟脇にゲートが設置され、一般車両は通行できない。大石ダムサイトのトイレ横に駐車場があり、数台は優に停められる。ここからは徒歩で、ダムを渡るとトンネルとなる。両出入口にはトンネル内を照らす電源スイッチがある。舗装された車道は滝倉沢に架かる鋼鉄の吊り橋までで、現在は廃道化した杁差岳《えぶりさし》（1636・4ｍ）の登山道となる。

黒手沢を過ぎると杉林と自然林が交互する。左下に西俣川を見下ろしながら2時間近く進むとイズグチ沢だ。前方に雨

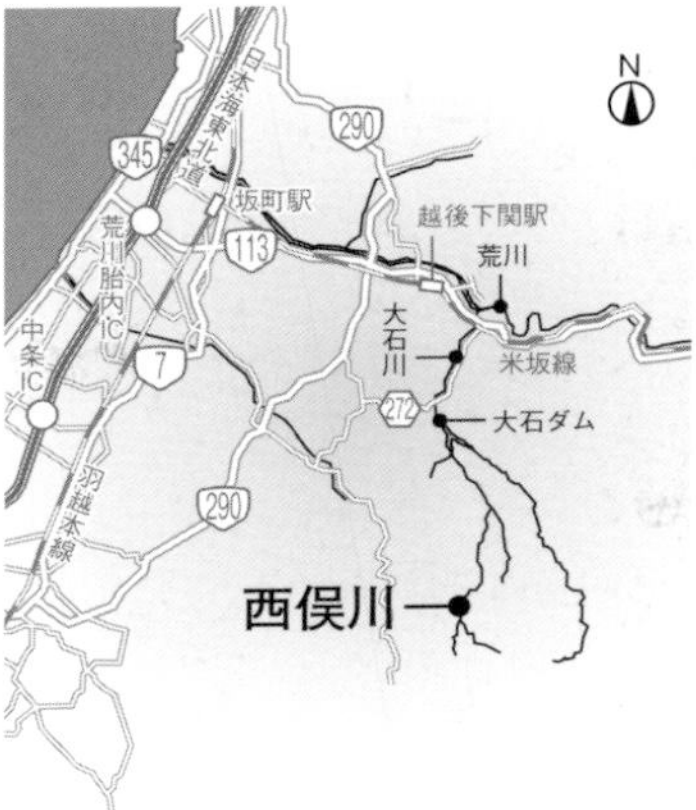

information

●河川名　荒川水系大石川支流西俣川
●釣り場位置　新潟県岩船郡関川村
●主な対象魚　イワナ、ヤマメ
●解禁期間　4月1日～9月30日
●遊漁料　日釣券1000円・年券5000円
●管轄漁協　荒川漁業協同組合（Tel0254-62-1163）
●最寄の遊漁券取扱所　セブンイレブン関川土沢店（Tel0254-64-3350）
●交通　日本海東北自動車道・荒川胎内IC下車。国道113号で荒川上流部を目差し、雲母交差点を右折して県道272号で釣り場へ

量観測所が見える。イズグチ沢を降りて、沢を渡り登ってピークより少し下り、左が雨量観測所へ行く道、登山道はまっすぐに進む。前方に杉林、西俣川右岸の切れ込みが中俣川。杉林と自然林の境に小沢が流れ、ヤブツバキで分かりづらいが下ると小沢の横に平地があり絶好の幕場である。車止からここまで2時間は優にかかる。

バックウオーターから中ノ俣川間は遡行技術、体力、経験が必要。渓はV字峡の廊下帯で釣り人の領域ではない。

中ノ俣川合流からゼカイ沢間まで日帰り釣行も可能ではあるが、暗いうちに車止を出発して、車に戻る頃にはまた暗くなってしまうだろう。テント泊が安全と思う。幕場適地からダムサイト駐車場まで、2時間は優にかかる。特に疲れた身体には舗装路歩きは足にくる。

渓相は、中ノ俣川合流からスノ沢までザラ瀬が続き、一部淵も出現するが、スノ沢を過ぎると渓は少しずつ厳しさを増す。タキブ沢を通過すると腰、胸までの徒渉もある。

西俣川中流部の渓相。スノ沢を過ぎると渓は少しずつ厳しさを増す

ゼカイ沢出合下流はゴルジュに小滝があり通ラズ。左岸の登山道が10ｍほど上部にあるので、岩を登り上がるとよい。ここから幕場まで1時間半。タキブ沢、スノ沢間の十貫平は草木が茂り踏み跡を見失うので要注意だ。

ゼカイ沢から登山道を歩き、降りられる所を見つけて渓に降り釣りとなるが、なかなか手強い。前方に左岸から右岸に渡る一本橋が見えたら、大熊小屋は登山道に登ると間もなくだ。

ゼカイ沢から上流部は大熊小屋を宿泊ベースに利用すると便利だろう。水場も近くにある。

源流部は大熊沢、鉾立沢、オリメキ沢などがあり、源流釣行を満喫させてくれる。ダムサイト駐車場から大熊小屋まで5～6時間はかかる。前記したとおり登山道は廃道化してだいぶ年数が経っており、源流釣行に長けたメンバーとの同行をお願いしたい。

●支流・中ノ俣川

中ノ俣川釣行は、雨量観測所への踏み

西俣川中流部の流れ。美しい流れからイワナが踊り出す

跡から杉林方面に下り降りるとヤブッバキとなり、西俣川に注ぐ小沢を降りると対岸が大木の杉林。西俣川を少し下ると中ノ俣川が流入する。前記のとおり大石ダムサイトの車道を歩き、滝倉沢に架かる鋼鉄の吊り橋を渡り、登山道を歩いて西俣川、中ノ俣川合流まで2時間強。

中ノ俣川は合流からザラ瀬が続き、ブッツケ、流木の落ち込みなどポイントは少ないがしばらく釣り上がると渓相が整いポイントが続き、ゴーロとなる。前方に5mはあろうかという下ノ滝が現われる。滝の右側を難なく遡るとゴルジュが少し続くが、ふたたびゴルジュの中に3mほどの滝が架かり、ゴルジュを越すとザラ瀬となる。しばらく釣り上がると右岸からゴーロ状で東ノ沢が出合う。この沢にもイワナはいる。

本谷に戻り釣り上がると廊下状になり2段の滝となる。この滝上部ではイワナが釣れなかった。滝から直行で登山道まで3時間と少しかかる。車止まで2時間。昔、何度か日帰り釣行をしたが、総計13～14時間、車中で仮眠をとりヘッドラン

中ノ俣川下ノ滝。上部にも滝がある

プを点けて釣行したことを今でも釣行時に思い出す。若気の至りか。

●西俣川上流のその他の沢について

西俣川源流・鉾立沢7mの魚止の滝上流にもイワナが棲んでいる。3つめの滝まで釣り上がったことがあり、滝上流部はスラブが発達して三つ道具がなくては遡上が厳しく一般の釣り場ではない。このイワナも有志の方が鉾立峰から放流された魚と聞く。大事に見守りたい。

大熊沢も一時期釣り人が多く、魚影が少なかったが魚止の滝上流にも誰かが放流したのか魚影はある。渓相は、滝上は大石のゴーロ状となり厳しい釣行となる。帰路2時間半は大熊小屋までかかる。魚止は確認していない。

鉾立沢以遠のオリメキ沢、金堀沢まではザラ瀬が続く。水量は鉾立沢より少なく型も8寸止まりと釣味も薄れる。オリメキ沢と金堀沢が分れると両沢ともゴーロとなり、最初の滝が魚止の滝となる。近年入渓者が少ないと耳にするので、魚影も以前より多くなり型も大きくなっていることを期待したいものである。

雨量観測所以遠からの杁差岳（1636・4m）登山道はだいぶ以前から廃道となり、十貫平などは草木が茂り不明瞭となってしまった。また大熊小屋手前の一本吊り橋も現在渡れるかどうか確認していない。

小屋はまだ泊まれると思うがトイレはなく、中に囲炉裏らしき物があるがそれはゼンマイ採りの人が燃したもので実際は囲炉裏ではない。私は昔その動行を見てしまった。炉は外にありその数歩横に水場もある。焚き火は数分登山道を歩くと、広大なブナ林となり薪はたくさん取れる。

（大山）

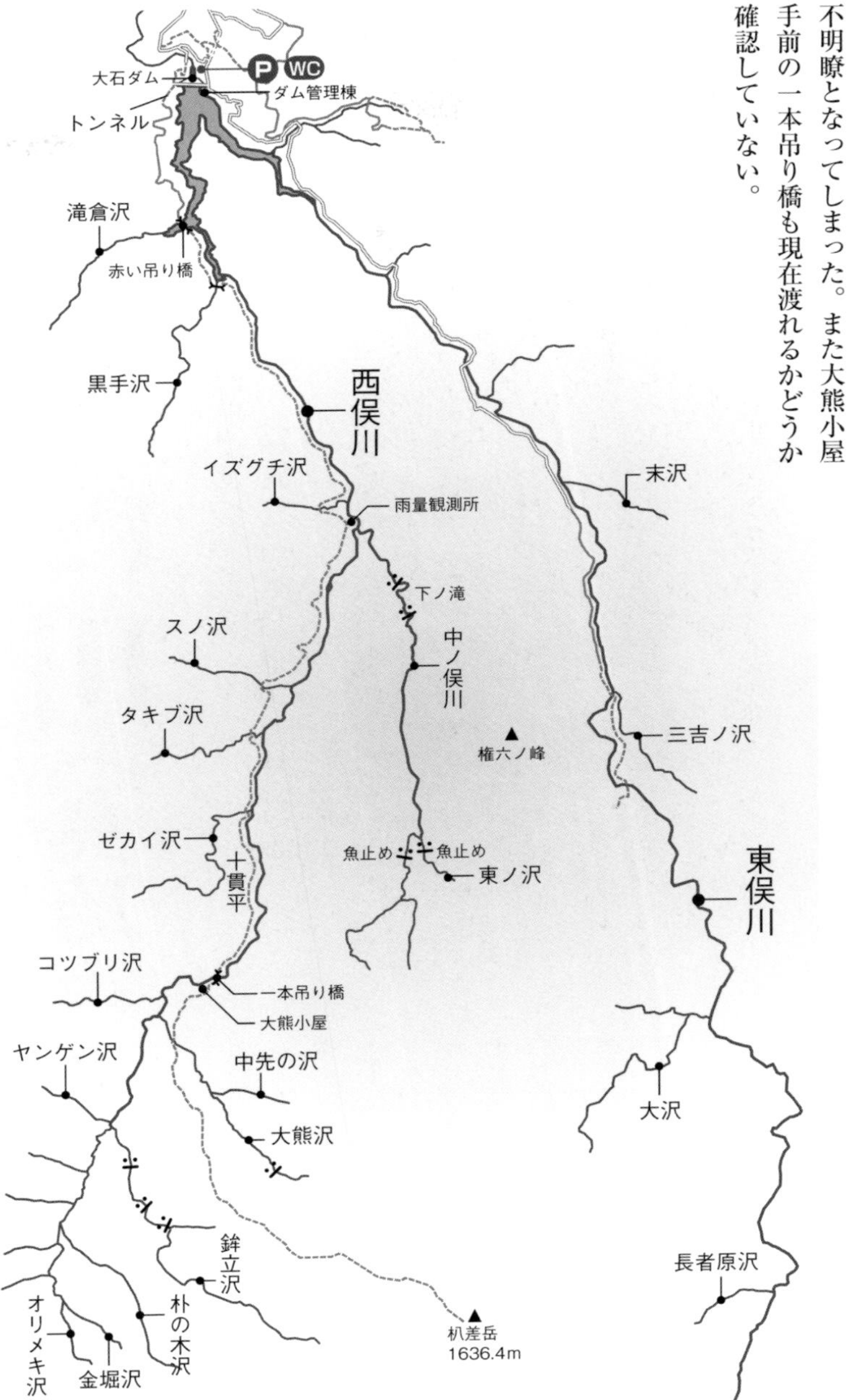

胎内川水系

胎《たい》内《ない》川（奥胎内ダム上流）

山越えのアプローチで降り立つ源流
ベストシーズンは天候が安定する8月下旬〜9月末

東俣沢・魚上滝を望む。さらに上を目差すには装備が必要。釣りならばここで納竿が望ましい

胎内川源流（上流）とは、池平峰から降りた胎内川釣行を差したい。ここへは体力、気力に自信があり天候にも恵まれないとなかなか釣行できない。

令和元年10月に奥胎内ダムが完成。バックウオーターは作四郎沢前後辺りと思われる。

以前は15坪ほどの平屋だった胎内ヒュッテが5、6年前に建て替えられ、現在は4階建の立派なホテル型に変わった。また頼母木川に架かる吊り橋は渡ることが出来ないほど朽ち果てた（渡るにはかなりの度胸がいるだろう）。

●池平峰からダンゴ河原へ

久々に胎内を訪れると一変してしまったことに驚く。昔キャンプ地にあった竈《かまど》と水場は朽ちて草木に覆われていた。トイレも昨年新築され、旧トイレは閉鎖さ

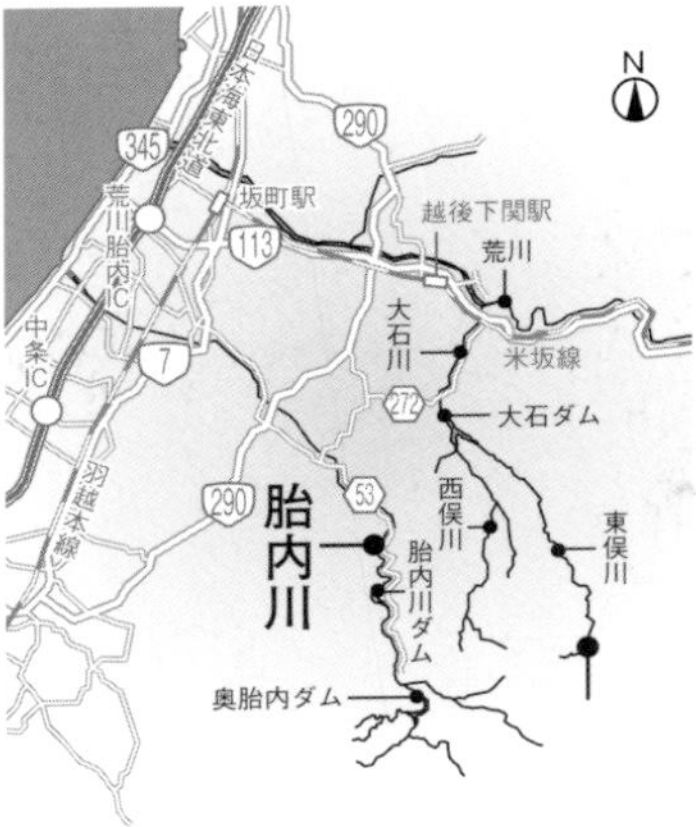

information

●河川名　胎内川
●釣り場位置　新潟県胎内市
●主な対象魚　イワナ
●解禁期間　3月1日～9月30日
●遊漁料　日釣券1500円・
年券6000円
●管轄漁協　胎内漁業協同組合
（Tel0254-47-3122）
●最寄の遊漁券取扱所
越竿洞釣具店
（Tel0254-43-3708）
●交通　日本海東北自動車道・荒川胎内IC下車。国道113号、7号を経由して県道53号で釣り場へ

れていた。奥胎内ヒュッテより30分ほど舗装道路を歩くと、奥胎内ダム工事用に頼母木川に架けた橋を渡りトンネルを抜け（2020年現在工事中、立入禁止）、左に50mほど進むと小さい涸れ沢がある。その右手に蛍光テープの目印がある。テープを頼りに登るとロープが4箇所あり、登るにつれ踏み跡が明瞭となり鉈目も出てくる。高低差200m、まるで壁のような小峰を45分登ると胎内尾根（現在廃道）に出る。この小峰も胎内マタギのマタギ道と思われる。

胎内尾根も急登が続き、息をつく間もない。池平峰の三角点は笹に覆われ見つけづらい。ここから胎内川に高低差約570m、1時間30分急下降となる踏み跡が不明瞭のため要注意である。下降途中より胎内川ダンゴ河原を遠望すると急登の苦労も忘れてしまう。

降り口は10mほどの急壁であるが、段丘部はブナ林で薪も多く幕場によく急な悪天候にも安全である。ただ水場の登下降に前記したとおり少し不便である。

ここから10分強遡行すると滝の沢を左

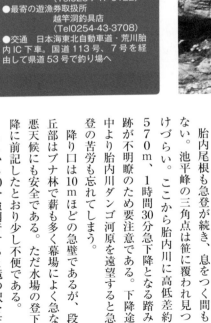

新しく完成した奥胎内ダムを望む

胎内川の尺イワナ

左岸に絶好の幕場があるダンゴ河原の渓相。上流部の釣行へはここをベースにするとよい

手に過ぎ渓も開けダンゴ河原となる。左岸に絶好の幕場がある。ここをベースに胎内川上流部の釣行を楽しみたい。

●東俣沢・西俣沢・長兵衛沢の釣り

幕場から河原が続くが、左岸から小滝で小沢が流入すると渓が少しずつ狭まり、それでも渓は明るく整いポイントも多くなってくる。東俣沢、西俣沢合流点の中間ほどに、深い左に少し屈曲した箱状の通ラズがある。平水時は難なく通過できる。増水時は歯が立たない。23年前の6月下旬に釣行した際、気持ちを抑えることができず右岸を巻いて懸垂下降しようと頑張ったが、上流部の流れが速く断念したことがある。

ここまでダンゴ河原から2箇所本流にスノーブリッジが架かり、早期釣行はイワナは釣れるものの、雪代の増水と水の冷たさに苦労するだけだ。7月下旬から8月中旬近くまではメジロアブの大量発生で、それなりの対策が必要である。

ベスト入渓は天候の安定する8月下旬から9月末。台風などの長期予報をよく

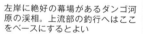

シーズン初期は雪深い渓が迎えてくれる。雪渓を越す時は要注意

左岸から小沢が流入すると渓は少しずつ厳しくなる

広河原での幕場で一日の疲れを癒す

釣れればいつでもうれしい。だから笑顔がこぼれる

確認したうえで釣行したい。そうすれば東俣沢、西俣沢、長兵衛沢の魚止の滝も確認できることが夢ではないと思う。

東俣沢は西俣合流で2mほどの滝になり、滝を越すと陰気で薄暗い奥に10mはあろうかという滝が架かる。私はここまでしか入渓したことがない。この上流を目差すには三つ道具が必要となり、釣りならばここで納竿が望ましい。

西俣沢は東俣沢と合流すると左岸より長兵衛沢が流入する。ここの三俣は広々

薬研沢上流にある浦島の廊下を望む

と明るくゆっくりと胎内の源流を感応したい場所でもある。西俣沢は大石がはじめあるものの釣りやすいが、少し遡ると短いゴルジュになる。右岸から小沢が出合うと廊下となり、その中に2つの滝が架かる。上段の滝は3mほどの直滝で面登は無理なので高巻く。滝上にもイワナがいるのには驚かされる。イワナの生命力の強さに頭が下がる。魚止はさらに源頭の15mの多段の滝である。西俣沢は東俣沢合流地点より魚止の滝まで1日コース。長い距離で安全に釣行して頂きたい。

長兵衛沢は、水量は東俣西俣沢の3分の1弱と少ないが両岸スラブに狭まれV狭となり、スラブに圧倒される。30分近くじっくりと釣り上がると滝が出現、ここが魚止の滝と思う。

●その他のアドバイス

源流釣行はどの渓でも同様だが、経験豊富なリーダー、またはその渓を実際に釣行した人と同行しないと事故につながる恐れがある。前記したとおり体力、気力、体調そして天候を考慮して行動したいものだ。気合だけでの行動では途中で跳ね返されてしまい、苦しい思いをするだけだ。

近年、源流釣行者は激減しているように思われる。3泊4日、4泊5日といった長期釣行の源流釣行では魚影も多くなり型も大きくなってきたように思われる。

奥胎内ヒュッテは入浴可、素泊可、泊まり客の朝のおにぎり可など、大変便利になり駐車場も広くなった。登山客には鎖の鍵を開けてもらい大石山登山口足の松尾根取付まで車で入れる。ただ昔の奥

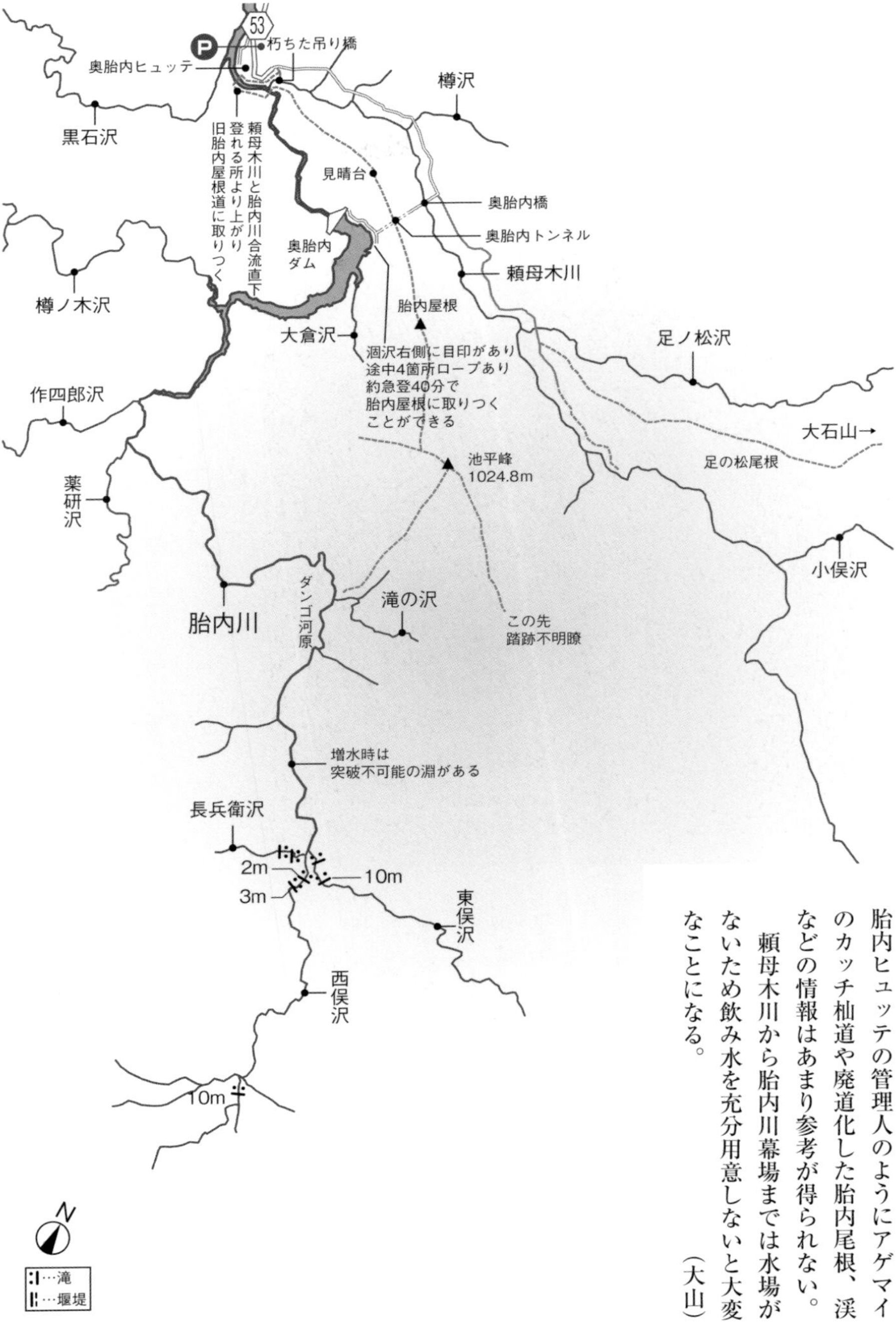

胎内ヒュッテの管理人のようにアゲマイのカッチ杣道や廃道化した胎内尾根、渓などの情報はあまり参考が得られない。

頼母木川から胎内川幕場までは水場がないため飲み水を充分用意しないと大変なことになる。

（大山）

内の倉川出合下流の流れを見る。小淵を形成した後、荒瀬となって岩盤へと流下する

加治川水系

加《か》治《じ》川

大渓流に良型ヤマメの群れを捜し歩く
支流・内の倉川合流下流は渓も開け入りやすい

新潟、山形、福島の三県にまたがる飯豊山地。その核心部から流れ出す加治川は、あるいは飯豊川と呼んだほうが釣り人には通りがよいかもしれない。50㎞近い流程のうち、加治川治水ダム付近から上流20㎞は峡谷状。その豊富な水量もあって容易には人を寄せつけない。一方、支流の内の倉川合流点付近より下流は谷も開け、容易に入渓可能だ。ここではこのエリアを中心に紹介したい。

●雪代終了直後に大イワナのチャンス

加治川の渓流釣り場は大槻にある第一頭取工よりも上流が一般的だ。これより下流は5月解禁（令和2年現在）となるが、解禁から水温が高くなる頃まではこのエリアでもチャンスがある。

大友にかかる大新橋付近から、その上流、東柳橋周辺にかけては大水の度に流れが変わるが、広いトロ場ができていればサオをだす価値がある。下流と行き来している遡上系の魚は、流れのない場所を好む傾向があるからだ。もちろん時合となれば強い流れにも入ってくる。

このエリアは特に雪代が落ちた直後がチャンスで、アメマスなのか40cmを超えるイワナに遭遇することがある。とりわけ東柳橋の上下流で消波ブロックが絡む所は魚が溜まりやすく、ヤマメも40cm超の実績がある。この周辺は各橋のたもとから河川敷に車を乗り入れられる。右岸側は大型ダンプも通行するので、通行の邪魔にならないように駐車しよう。

また第一頭取工（上流50m、下流150m禁漁）の下流で、所々岩盤が露出した区間に魚影が多いこともある。左岸農道からアプローチできるが、農作業の邪魔にならないよう配慮が必要だ。

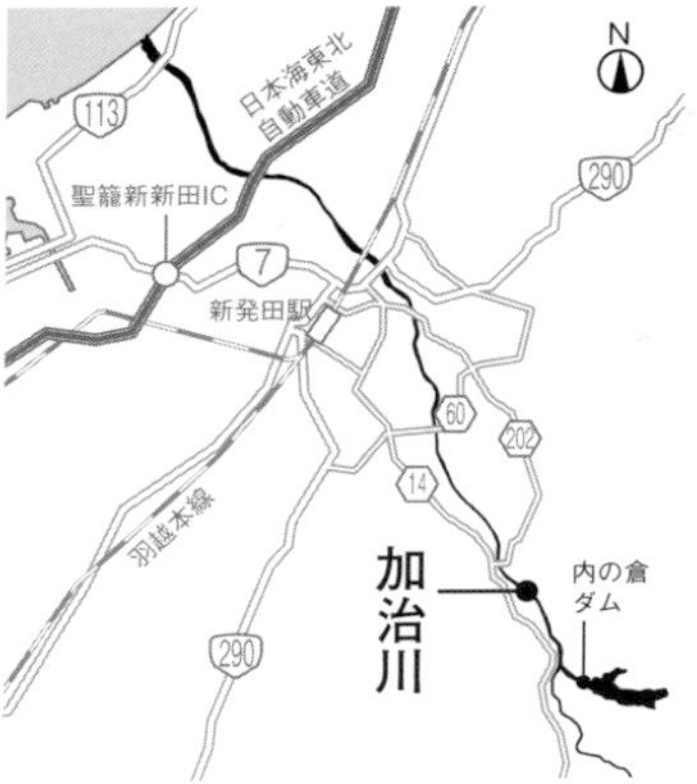

第一頭取工上流すぐにある小戸橋の直下は淵になっていて、その上流に続く深瀬とセットでねらいたい。激戦区だが良型を手にできる可能性は高い。橋の右岸下流側の農道を入ると数台の駐車スペースがある。

右岸側の道路を川沿いに上流へと進むと、小戸の集落を過ぎて500mほどで左手に発電所が見えてくる。飯豊川第二発電所である。発電所手前から踏み跡を捜して林を抜ければ大淵が広がっているはずだ。発電所の放水口があるので、上流よりも幾分水温が低い。そのため夏の高水温期にかけてこの付近には渓流魚が集まりやすい。入渓者が多いのでスレ気味だが反応は多いはずだ。

ただ、ここまで来るとクマやサルなどを目撃することもあり、自然度が高くなるぶん、用心が必要になる。また真夏はアブが多く、何らかの防衛策が必要なこともある。

●内の倉川合流以遠はヤマメの魚影多し

放水口から1・5kmほど上流に進むと内の倉川が合流する。合流点の下流には橋があり、川とは落差があるが、橋たもとの右岸上流側に川へ下りる踏み跡がある。流れは橋の下流で小淵を形成した後、荒瀬となって岩盤に当たり、右へ折れる。このブッツケは大淵で、尺ヤマメの実績もあるが、本流ザオでも探りきれない。ルアーでも面白いだろう。また水量次第で淵尻を渡れれば、その下流もねらうことができる。

内の倉川合流点から上流は水量が減るがヤマメの魚影は多く、意外に良型も出る。橋付近を徒渉して左岸を釣り上がれば、合流点とその上に続くポイ

information

●河川名　加治川水系加治川
●釣り場位置　新潟県新発田市
●主な対象魚　イワナ、ヤマメ
●解禁期間　3月1日～9月30日（加治川第一頭首工より下流の本流区域は5月1日解禁）
●遊漁料　日釣券1000円・年券5000円
●管轄漁協　加治川漁業協同組合（Tel0254-33-3108）
●最寄の遊漁券取扱所　渋谷商店（Tel0254-28-2619）　倉島釣具店（Tel0254-22-3538）
●交通　日本海東北自動車道・聖籠新発田ICより国道7号、県道14号を経て加治川上流部へ

増水気味の内の倉川出合の流れ、比較的遅い時期に好釣することが多い。尺ヤマメの可能性もあり、期待が膨らむエリアだ

東柳橋上流の渓相。雪代後がチャンスで、イワナ、ヤマメとも 40㎝オーバーの実績がある

第一頭取工を望む。この上流 50 m、下流 150 mは禁漁なので注意

ントにサオがだせる。すぐに左岸から沢が合わさり、この沢の脇から歩いて入退渓できるが、最近は獣害から農地を守るためか、周辺の田畑に電気柵が張られていることがある。確かにこの辺りではサルをよく見る。

赤谷の橋の上下も大場所が続く。水量が少なめなら徒渉して広く探れる。数は出ないが良型が期待できる区間。さらに上流では滝谷森林公園付近が釣りやすい。こちらは逆に小型だが数が多いエリアだ。

これより上流にもポイントは続くが、両岸が切り立ち危険度が高くなる。気軽に入渓できるのは内の倉川合流点までと、ここに記した場所くらいだ。

内の倉川のダム上流は大イワナがねらえる源流釣り場として知られる。大型はダムからの遡上ものだが、深入りしなければ比較的遡行しやすい渓なので、増水後などはそれをねらうのも面白い。

●釣況アドバイス・仕掛け

加治川のヤマメは良型ほど群れで動く傾向があり、これを捜して釣り歩くことになる。したがって、貧果に終わることも多い一方、当てた時の釣果は望外なものになる。大渓流で魚の居場所を探り当てるのは容易くないが、探釣の楽しみを知るコアなファンにお勧めだ。

エサはミミズ主体にブドウ虫があれば抜かりない。サオは瀬をメインにねらうなら7mクラス、淵ねらいなら9mでもよい。仕掛けは0・4～0・6号が目安だ。なお、加治川の最下流部では春にサクラマス釣りが解禁されているが、事前申し込みが必要で遊漁料は高額、人数制限もあって一般的ではない。また、ここで紹介したエリアでもサクラマスの姿を目にすることがあるが禁漁である。（高橋）

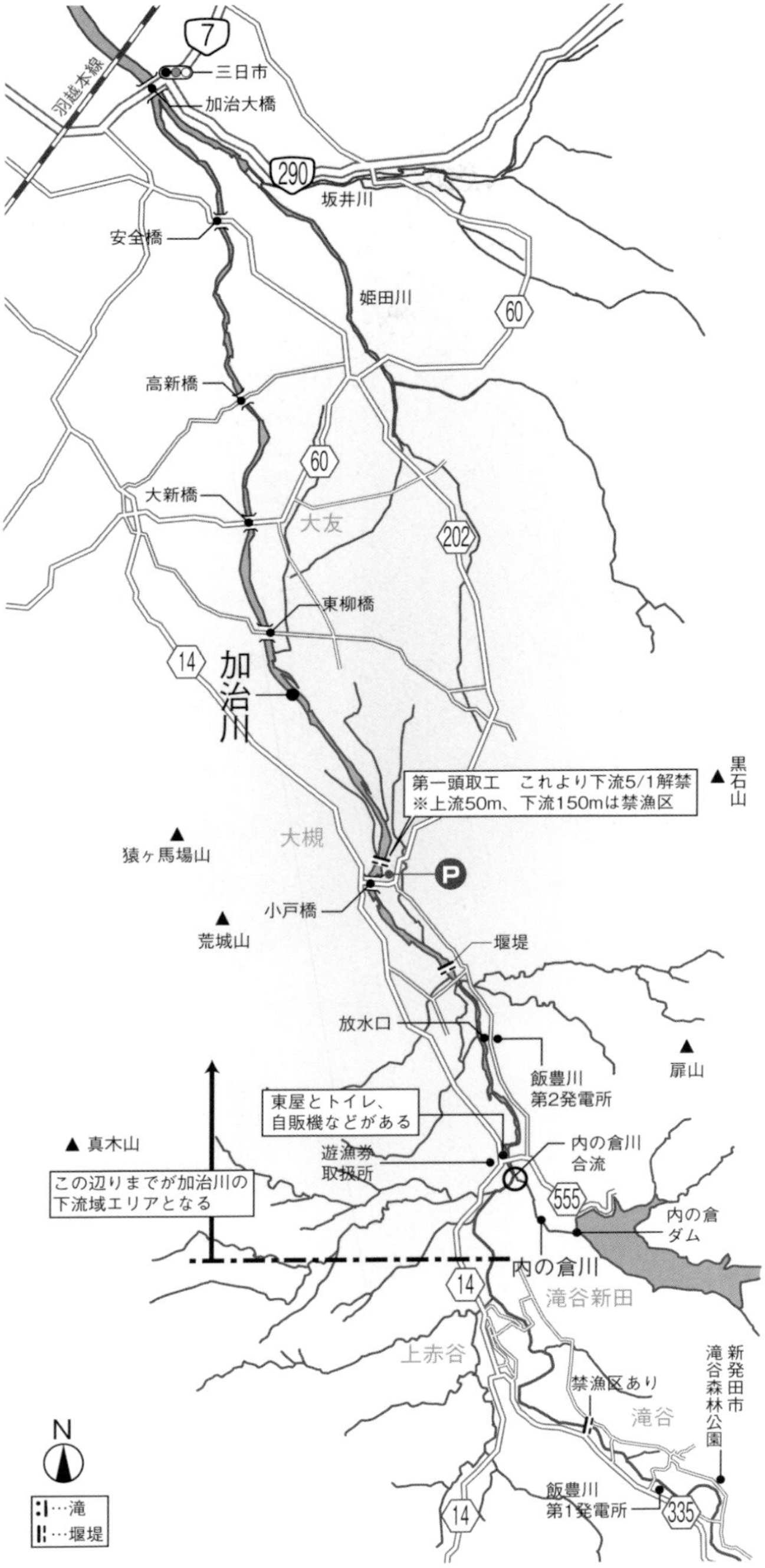

信濃川水系

清《き》津《よ》川《つ》

名前のとおりの清い流れに大イワナ、大ヤマメが遡上
２０１９年豪雨被害からの復活に期待

清津川は上信越国境を水源とする信濃川の一大支流で、大きなダムを持たず流域人口も少ないため、水質は出色。その名に恥じない清流である。中流部、十日町市と湯沢町の境界付近には大渓谷の清津峡があり、釣り場を上下に分断する形になっていて、管轄漁協も異なる。ここでは下流部の釣り場を紹介したい。

清津川のヤマメ 38㎝。下流部はヤマメ、イワナとも遡上の大型がねらえる

information

- ●河川名　信濃川水系清津川
- ●釣り場位置　新潟県十日町市
- ●主な対象魚　イワナ、ヤマメ
- ●解禁期間　3月1日～9月30日
- ●遊漁料　日釣券1100円・年券6600円
- ●管轄漁協　中魚沼漁業協同組合（Tel025-763-3012）
- ●最寄の遊漁券取扱所　セブンイレブン中里田沢店（Tel025-763-3092）
- ●交通　関越道・塩沢石打ICを下車し、国道17号、353号を経由して十二峠トンネルを抜けて清津川へ

万年橋付近から渓相が荒くなる。その上流は雪代や台風の大増水後、樋状になった清津峡から押し出されてきた大イワナが掛かることも

●信濃川本流からの遡上魚に期待

清津川は国道117号、清津大橋の下流で信濃川に合流する。合流点は信濃川の水位によって表情が大きく変わる。合流点から橋までは度々工事で均《なら》され、近年はポイントが少ない。橋の上流では旧清津橋の基礎の名残が段差となっていて、信濃川から遡上した魚が止まるポイントだった。ところが各地に被害を出した19年の豪雨で清津川も大増水し、段差付近の左岸が大きく削られたため、護岸工事が施された。それに関連して橋上流の川筋が右岸側に変えられ、20年現在、ポイントはかなり小さくなっている。

入渓には清津大橋右岸、ガソリンスタンド脇から下る道を利用する。奥に進むと漁協事務所があり、目印になるだろう。ここで遊漁券を買い、近況を聞いてみるのもいい。また清津大橋から2㎞ほど上流には倉俣大橋が架かり、その中間に堰堤がある。倉俣大橋右岸の農道を下って500m余り進み左折すると堰堤付近に出られる。

この区間では、雪代が茶色から青に色

を変える4月下旬以降、信濃川からの遡上イワナがねらえる。掛かれば35㎝から50㎝の立派なサイズだ。信濃川合流点での実績が目立つが、旧清津橋の段差や釜川の合流付近でも実績がある。このイワナは雪代が落ちると深みに隠れ、よほど好条件に当たらないと姿すら見せなくなるから、雪代の残るうちがチャンスだ。

エサはミミズでよいが、オニチョロが効くことがある。

また雪代の終わる5月下旬から6月にかけてはヤマメがねらえる。20㎝級中心で、ある程度固まって上流に移動して行くので、それを捜して釣り歩くことになる。さらに6～7月にかけて戻りヤマメとの出会いが多いのもこの区間。30～35㎝級がメインだが、ときに40㎝前後の大型も掛かることがある。

倉俣大橋上流の流れ。平瀬中心の渓相で広河原となりサオも振りやすい

●豪雨の影響と変化する流れ

倉俣大橋を過ぎると川は平瀬中心で広河原となり、やがて左岸から釜川を迎える。合流点から上流1㎞に重地堰堤がある。19年豪雨では堰堤下流200ｍにも及ぶ区間で河床の路盤化が進行。川は一面礫岩の平原の中を一筋の水路のように削って流れる状態になった。

豪雨前もこの堰堤直下は河床低下が進み、そのせいで堰の落差が拡大していたが、各地で問題になっている光景が一気に発現した形だ。下流に砂礫を供給できるよう、無用な堰堤の撤去、必要なものはスリット化するといった対策を講じないと、魚類の産卵場となる小砂利底の流れが失われてしまう可能性が大きい。

このエリアは昔からヤマメの魚影が多い。堰堤下数百メートルのポイントが失われたのは痛いが、釜川の合流点前後は相変わらず好ポイントが続く。倉俣の釜川橋手前農道を釜川沿いに下ると合流点

倉俣で左岸から釜川が合わさる。この辺りも豪雨で流れが大きく変わったが、魚影は健在

重地堰堤下。19年豪雨で石が流され、流れが堆積岩の河床を水路状に削って小滝が出現した

付近の堤防際が広くなっていて駐車可能だ。

重地堰堤から上流は、国道脇にあった程島堰堤が撤去されて路盤化が改善、近年はヤマメの好ポイントになっていた。だがここも19年豪雨で右岸の一部が削られたためか川筋を左岸に迂回させて工事が行なわれ、その後も川筋は左岸のまま。復活に期待のエリアだ。

やがて田尻で低い堰堤が目に入る。ここから瀬戸口の堰堤までも19年豪雨でかなり渓相が変わったが、幸い魚影は安定している。国道の一段下に広い駐車スペースがあり危険も少ないことから、初心者にお勧めの区間だ。

国道が瀬戸峡をバイパスするトンネルの先で、清津川は渓相が荒くなる。国道から清津峡温泉に向かう道に折れると万年橋を渡り清津峡温泉に至るが、この区間も同様だ。ただ道路からの落差が大きくなり、入渓点が限られる。万年橋上流右岸からと、温泉へ向かうトンネルの手前にあるスペース、温泉下の駐車場が入渓の目安。ただ行楽シーズンは観光客で

田尻の堰堤。駐車スペースも広く、初心者にオススメの場所

田尻堰堤上流の流れ。19年豪雨で渓相が変わったが、幸い魚影は安定している

満車になることもある。

この区間は魚影が多いがスレ気味。雪代後すぐ、川虫が用意できればベストで、ヒラキの浅場に良型が付くのでアプローチは慎重に。テンカラやフライでねらっても面白い。また雪代や台風の大増水後は、樋状になった清津峡から押し出されてきた大イワナが掛かることもある。

●仕掛け・今後の期待

エサ釣りなら全般でサオは6～7mでよく、仕掛けは0・3号程度。戻りヤマメや遡上イワナなどの大ものねらいなら0・4～0・6号。エサはミミズがよいが、雪代が澄むまではキンパクやオニチョロが、雪代後はヒラタやブドウ虫も効く。全体に開けているので、ルアー、フライ、テンカラにも好フィールドだ。

清津川は入渓しやすくアクセスもよいが、近年は着実に魚影が増えてきている。特に大型ヤマメの魚影が増えているのは特筆すべきだろう。背景には電力会社による取水データ改ざん発覚を受けて夏場の水不足が改善されたこともあるだろうが、中魚沼漁協の努力に負うところも大きい。

とはいえ前述したような路盤化やカワウの増加など、依然として課題は多い。釣り人が今すぐに始められる対策として、源流域、支沢のみならず、本流域でもリリースを励行したい。 （高橋）

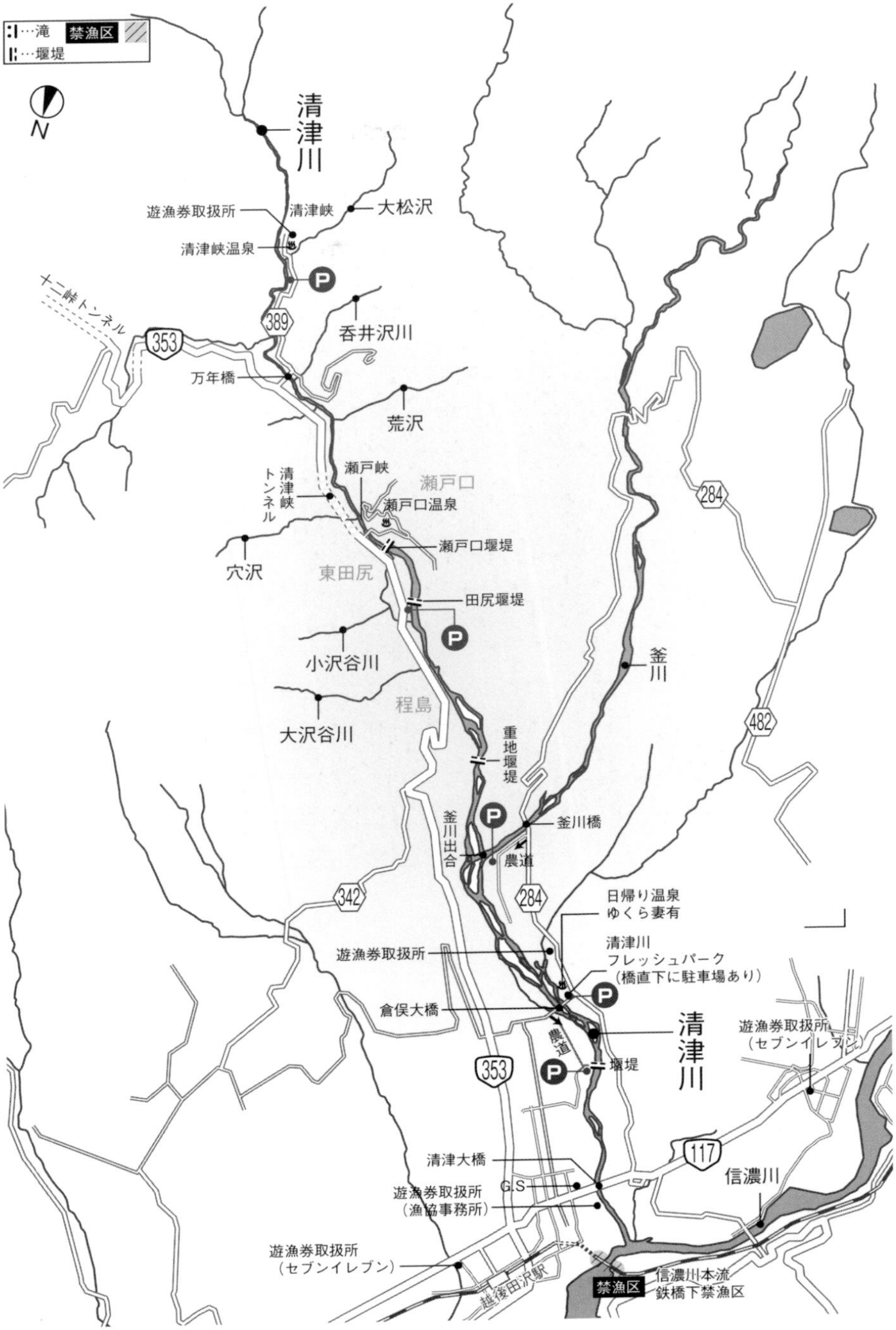

…滝
禁漁区
…堰堤
N
清津川
遊漁券取扱所
清津峡
大松沢
清津峡温泉
十二峠トンネル
389
353
香井沢川
万年橋
荒沢
清津峡トンネル
瀬戸峡
瀬戸口
瀬戸口温泉
瀬戸口堰堤
穴沢
東田尻
田尻堰堤
284
小沢谷川
釜川
大沢谷川
程島
482
重地堰堤
釜川出合
釜川橋
農道
342
284
日帰り温泉
ゆくら妻有
遊漁券取扱所
清津川
フレッシュパーク
（橋直下に駐車場あり）
倉俣大橋
清津川
農道
353
堰堤
遊漁券取扱所
（セブンイレブン）
117
清津大橋
G.S
遊漁券取扱所
（漁協事務所）
信濃川
遊漁券取扱所
（セブンイレブン）
越後田沢駅
禁漁区
信濃川本流
鉄橋下禁漁区

信濃川水系
清津川支流

釜《か》川《ま》

小松原湿原に発する清津川最大の支流
田代堰堤を境に下流はヤマメ、上流はイワナがメイン

田代地区の流れを望む。瀬を中心とした渓相ながら丹念に探ると釣果につながる

山頂に広がる大湿原で知られる苗場山の北の裾野に、小松原湿原と呼ばれるもう1つの湿原がある。釜川はその小松原湿原を源にする清津川最大の支流だ。湿原の川によくあるように、釜川はかすかにタンニン色を帯びながらも澄んだ水を集め、湿原台地を浸食して沢筋を刻みつつ支流を集めて水勢を増す。やがて大場、所平の集落を段丘の上に見送ると七ツ釜だ。

七ツ釜は大蛇伝説を持つ七段の滝の総称だが、平成7年の豪雨で一部が崩壊。現在は特有の柱状節理を模した砂防ダムで滝を復元してある。七ツ釜から下ると谷は開け、釜川は田代、下山、重地の集落下を穏やかに流れ下って倉俣で清津川に合流する。

●所平堰堤以遠はベテラン向き

釜川の渓流釣り場は、七ツ釜上流にある所平堰堤と七ツ釜下流の田代堰堤を区切りにして捉えるとよい。

所平堰堤より上流には釜川固有のイワナが生息する。イワナは河川ごとに姿態

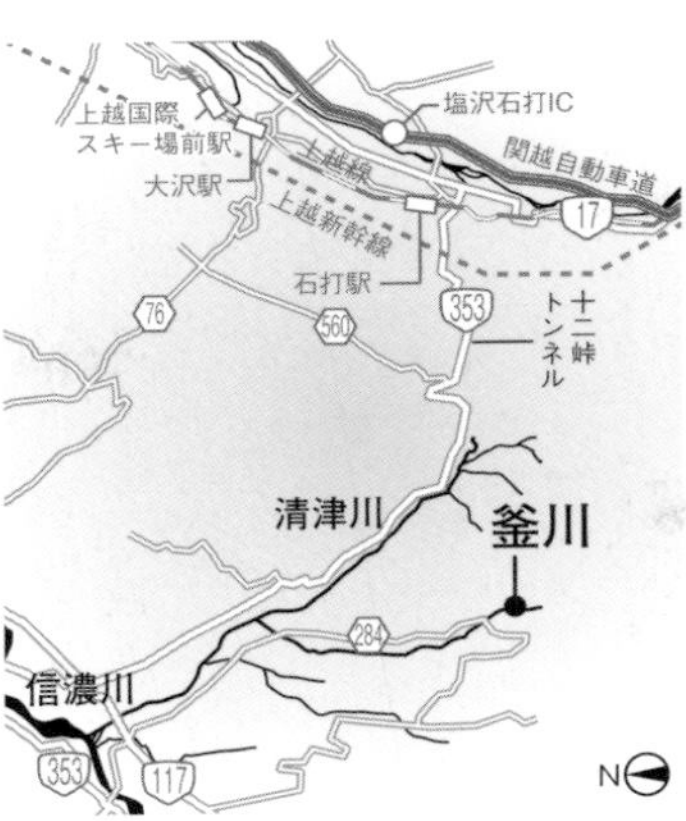

information

- ●河川名　信濃川水系清津川支流釜川
- ●釣り場位置　新潟県十日町市
- ●主な対象魚　イワナ、ヤマメ
- ●解禁期間　3月1日～9月30日
- ●遊漁料　日釣券 1100円・年券 6600円
- ●管轄漁協　中魚沼漁業協同組合（Tel025-763-3012）
- ●最寄の遊漁券取扱所　セブンイレブン中里田沢店（Tel025-763-3092）
- ●交通　関越道・塩沢石打ICを下車し、国道17号、353号を経由して十二峠トンネルを抜けて清津川へ。しばらく進み左折して倉俣大橋を渡りT字路を左折、県道284号で釜川へ

に違いがあるといっていいほど多様性に富み、それぞれに固有の営みを保っている。放流によって異なった遺伝子が混入することはこの営みに変化をもたらし、その川で生き抜くために選択されてきた遺伝情報をかく乱、固有種の減少をもたらす可能性さえある。漁協は種の保存を優先し、この区間には放流は行なっていないから、キープは最低限に止めたい。

　また所平以遠は渓相も険しく、状況によっては泳ぎも必要になるなど、入渓には相応の技術、装備が必要である。なお地形図を見ると大場から小松原方面に伸びる道があり、釜川源流部を横断するが、大場の先にゲートがあり一般車通行止だ。ただ徒歩での通行は可能。また最奥の取水堰上流へはここからのアプローチになる。

　一方、所平から田代の間には放流がある。所平の橋の前後は入渓が手軽で、橋上流の所平堰堤にかけての大淵は釣欲をそそる。サオをだす度に数尾の釣果がある場所だ。また田代堰堤から七ツ釜までも大場所があり、釣り人が絶えないが大

所平堰堤付近の渓相。これより上流は釜川固有のイワナの生息地だ

田代堰堤付近の流れを望む。渓相がよく入渓しやすいことから激戦区となっている

イワナの姿を見ることもある。七ツ釜は遊歩道を利用して釣ることも可能だが、大蛇伝説を知る者はサオをだすのに躊躇《ちゅうちょ》する。また七ツ釜入り口にはフィッシングパーク（閉業）があり、これより下流ではニジマスがハリ掛かりすることもあったが、ここ数年で姿を消したようだ。

●田代堰堤～下山地区

遠来の釣り人には田代堰堤より下流が釣りやすい。この区間では、左岸に河岸段丘の崖が続き、川はその下を流れる。対象魚は堰堤上流と対照的にヤマメがメインとなるが、イワナも少なからず生息していて、尺上の可能性もある。

田代橋周辺は瀬を中心としたポイント構成で、丹念に探ると釣果につながる。上流の堰堤はねらわれすぎているためか、大場所のわりに釣果が伸びない。

田代橋左岸から農道を下流に入るとやがて段丘に阻まれて行き止まりになる。その付近に駐車可能だ。橋上の堰堤から農道の終点付近までは渓相がよいうえに入渓しやすいことから激戦区で、意外に

所平橋下流を望む。橋の前後は入渓が手軽ながら
サオをだす度に数尾の釣果がある

倉俣橋上流の流れを望む。近年は工事が多く、夏はアユ釣り場になる

25㎝級のヤマメが揃うこともある

アタリは少ない。増水後がねらいめだ。

農道終点から釣り下ると田代集落の下に堰堤がある。ここまでの間は小場所が多いが尺イワナや良型ヤマメの実績が多い。堰堤上下は大場所で、人工物の味気なさに目をつむれば釣果は期待できる。この下、左岸の崖へのブッツケは大場所で、ヤマメもイワナも良型の期待がかかる。

田代から下山にかけては川に並行する県道の一段下に水田が続き、さらにその一段下に釜川が流れる。川は瀬が主体で目立った大場所はないが、案外ヤマメの数は多い。この区間は農道を利用してアプローチできるが、くれぐれも農作業の邪魔にならないよう注意してほしい。農繁期などは遠くても広い場所に駐車し、農道を歩いて川に入るなどの配慮が必要だ。

下山には大きな堰堤があり、下流からの遡上止になる。下山集落は高台にあり、川に下りるには落差が大きく距離もあるため、堰堤には下流の釜川橋の近くから農道で向かう。倉俣から上流に向かって釜川橋を右岸に渡ると、道路は右にカーブし、スノーシェッドに入る。その手前で右に分岐する農道に入り、川と並行に上流に進む。1㎞以上進んだ先に下山堰堤がある。

また農道に入って少し進んだ所から右折して川に向かう農道があり、堤防を越えて河川敷まで入れる。ここから入渓し、下山堰堤と倉俣堰堤の間を拾い釣りすることもできる。下山堰堤下流は路盤化が顕著で、礫岩を流れが削って水路のようになっている区間もあるが、石が残っている場所をねらえば25㎝級のヤマメが揃うこともある。なお下山堰堤下は垂直の護岸だが梯子がある。

倉俣の釜川橋から清津川合流までは瀬続きの渓相で、希に釣果がある程度。近年は工事が多く、夏はアユ釣り場になる。

●仕掛け・釣況アドバイス

エサ釣りの場合、サオは6m前後。ヤマメは7寸前後が多く、イワナは尺上も

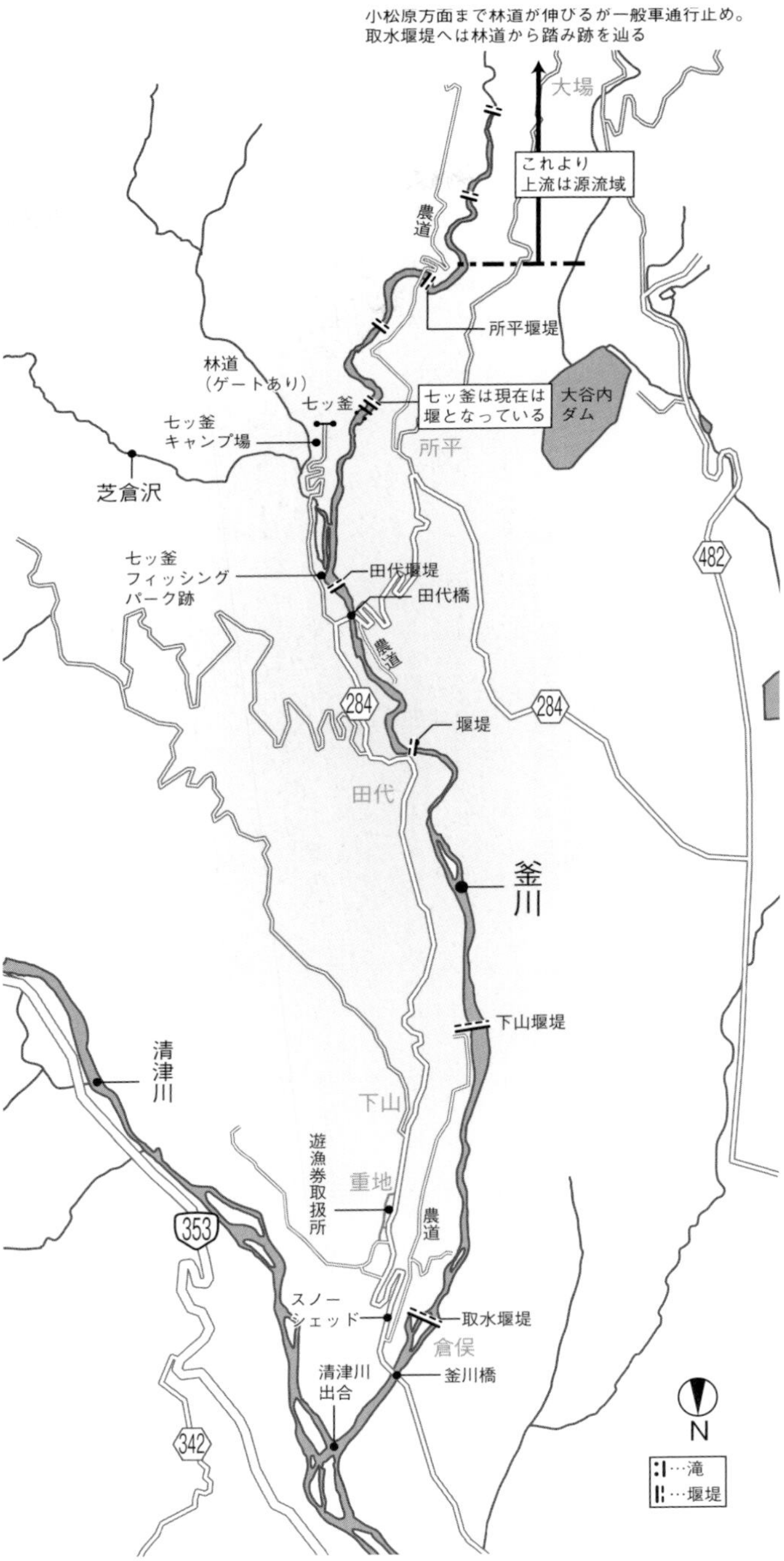

出るが35㎝を超えるものは希。エサはミミズやブドウ虫でよいが、川虫を採取できればベストだ。

シーズンは5月中旬の雪代収束以降。水田への引水で川が減水してからがよい。

一方、地元のベテランは雪代前にカンジキを履いて上流部に入渓し、魚が越冬する淵をねらい撃ちにする。大釣りすることもあるが、この魚が雪代で周辺に拡散しベストシーズンのターゲットになるのだから、リリースが流儀だ。ただこの時期の川は雪崩の巣。雪代前の川を釣るなら、前年のうちに地形と川をよく下見しておく必要がある。

（高橋）

単独河川

府《ふ》屋《や》大《お》川《お》（大川支流・中継川、小俣川）

爽快な渓歩きを楽しめる美形ヤマメの川
20cmにも満たないような浅い流れでも気が抜けない

小俣川下流の渓相。幅のある
８寸級のヤマメが期待できる

新潟県最北端、村上市府屋で日本海に流れ込む大川は、その地名を冠した府屋大川の名で知られる。府屋から山形県に足を踏み入れれば、古くから名渓として定評のある温海4河川がある。これらは比較的規模が小さく渓流相のまま海へと注ぐ独立河川だが、大川はこうした河川群の中では抜きん出て大きく、河口付近では平川相となることから、大川と呼ばれるようになったのも合点がいく。

大川は河口から2㎞ほどの温出で中継川と小俣川に分岐し、主な釣り場はこれより上流のエリアだ。

大川と呼ばれる河口から約2㎞の区間は、夏にはアユをねらう釣り人でサオが林立する区間だけに、雪代後からアユ解禁までの釣り場だ。

大谷川の合流付近、左岸の岩盤に流れがぶつかる所が溝状に掘れていて、タイミングがいいと良型のヤマメが食ってくる。ただ留守のことも多く、その場合は代わりに大きなウグイが食ってくるのが常だ。かつてここは大きく深い淵だったが、埋めたのか埋まったのか、あるとき訪れると平坦な流れに変わっていて落胆した記憶がある。

一方、小俣川、中継川の合流点には高確率でヤマメの姿がある。ここもウグイが多くて釣りにくいのが難点だ。

●中継川

温出で二分した流れのうち、北側が小俣川、南側が中継川である。水量的には中継川のほうが幾分多く、こちらが本流筋だろう。

中継川に並行する車道を上流に向かうと塔下の先で橋を渡る。この付近から道なりに3㎞ほど上流の荒川口までは、屈曲部にできる淵とそれをつなぐ瀬が繰り返す渓相で、そのいずれもがポイントになる。途中、堰堤が3基あるが、魚の往来は可能だ。この区間は魚影が多い時と少ない時の差が激しいが、釣れる時は8寸級のヤマメが立て続くので、サオをだしてみる価値はある。

荒川口で支流荒川を分けると、流れはやがて平坦になり中継となる。ヤマメの魚影はこの辺りまでが多いようだ。集落先の堰堤から上流は落差が出て、アプローチできる場所が限られる。何度か踏み跡を捜して入渓したが、意外に釣果は伸びなかった。渓相はよいので、タイミングや筆者の腕に問題があった可能性もある。

やがて流れは峡谷状になり、その先で開けたところが山熊田で、クマやゼンマイなどを糧にした山の暮らしが色濃く残る集落だ。ここで中継川は山熊田川と金剛川に分かれ、いずれも大半が禁漁区になる。

●小俣川

一方、小俣川沿いの道路を上流に向かうと、狭いトンネルをくぐる。この辺りがヤマメの魚影が安定した区間で、幅のある8寸級が期待できる。その先の日本国トンネルを抜けると小俣で、出羽街道の宿場だった面影が残る。集落周辺もヤマメの魚影は安定していて、少ないがイワナも混じる。ここから上流も魚影は充分にあるが、流れが細くなり、ヤブも濃くて釣りにくい。下流の魚影を減らさぬためにもそっとしておきたい区間だ。なお雷の堰堤から上流は禁漁区である。

●釣況アドバイス・仕掛け

中継川、小俣川とも褐色の砂の上を流

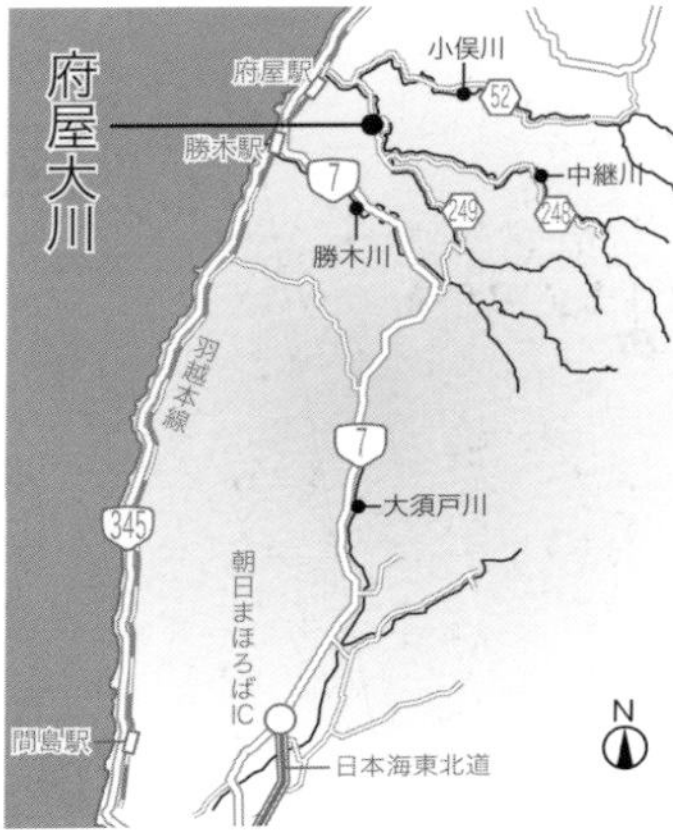

information

- ●河川名　府屋大川
- ●釣り場位置　新潟県村上市
- ●主な対象魚　イワナ、ヤマメ
- ●解禁期間　3月1日～9月30日
- ●遊漁料　日釣券1000円・年券3000円
- ●管轄漁協　大川漁業協同組合（Tel0254-62-7120）
- ●最寄の遊漁券取扱所　セブンイレブン山北勝木店（Tel0254-77-3010）
- ●交通　日本海東北自動車道・朝日まほろばICより国道7号、県道249号で釣り場へ

れる青く澄んだ水に河畔の広葉樹林が映り込み、爽快な渓歩きが楽しめる。釣れる渓魚が美形ぞろいなのも大きな魅力だ。

両川とも、瀬のヤマメは定位しやすい水勢を目安にサオをだすとよい。ときには20㎝に満たないような浅い流れでも良型が食ってくる。水深に惑わされず、流れを見極めたい。また木が被って釣りにくいような場所もねらいめ。上流から仕掛けを流し込むなどの工夫が必要になる。

一方、淵の魚にクセがあるのも大川水系の特徴。流れ込みで食ってくる魚にはなぜか小型が多く、良型を求めるなら淵の最深部から淵尻のほとんど流れのない場所を攻略する必要があるのだ。だがこうした場所は砂底がほとんど。アプローチには細心の注意を払い、エサ釣りでは軽いオモリでテンションを掛けながらゆっくり沈めるなどの工夫が必要だ。

エサ釣りの場合、サオは5～6m、仕掛けは0・3号程度。エサはミミズで事足りる。また、テンカラやフライに向いた区間も多く、ライズもよく目にする。

なお河口からJR鉄橋までの区間は禁漁区。またほかにも禁漁区が設定された堰堤がいくつかある。周辺に看板があるので堰堤を釣る前に確認が必要だ。さらに過去にサクラマスの遊漁を人数限定で認めていたことがあり、当時のものと思われる看板が残置されているが、令和2年現在サクラマスは禁漁である。誤解のないようにしたい。（高橋）

小俣川・褐色の砂の上を流れる青く澄んだ水に河畔の広葉樹林が映る

中継川・屈曲部にできる淵とそれをつなぐ瀬が繰り返す渓相だ

中継川で釣れたヤマメ。体高のある美しい魚体だ

中継川上流は渓谷状になる。岩盤と砂で構成された淵が多い

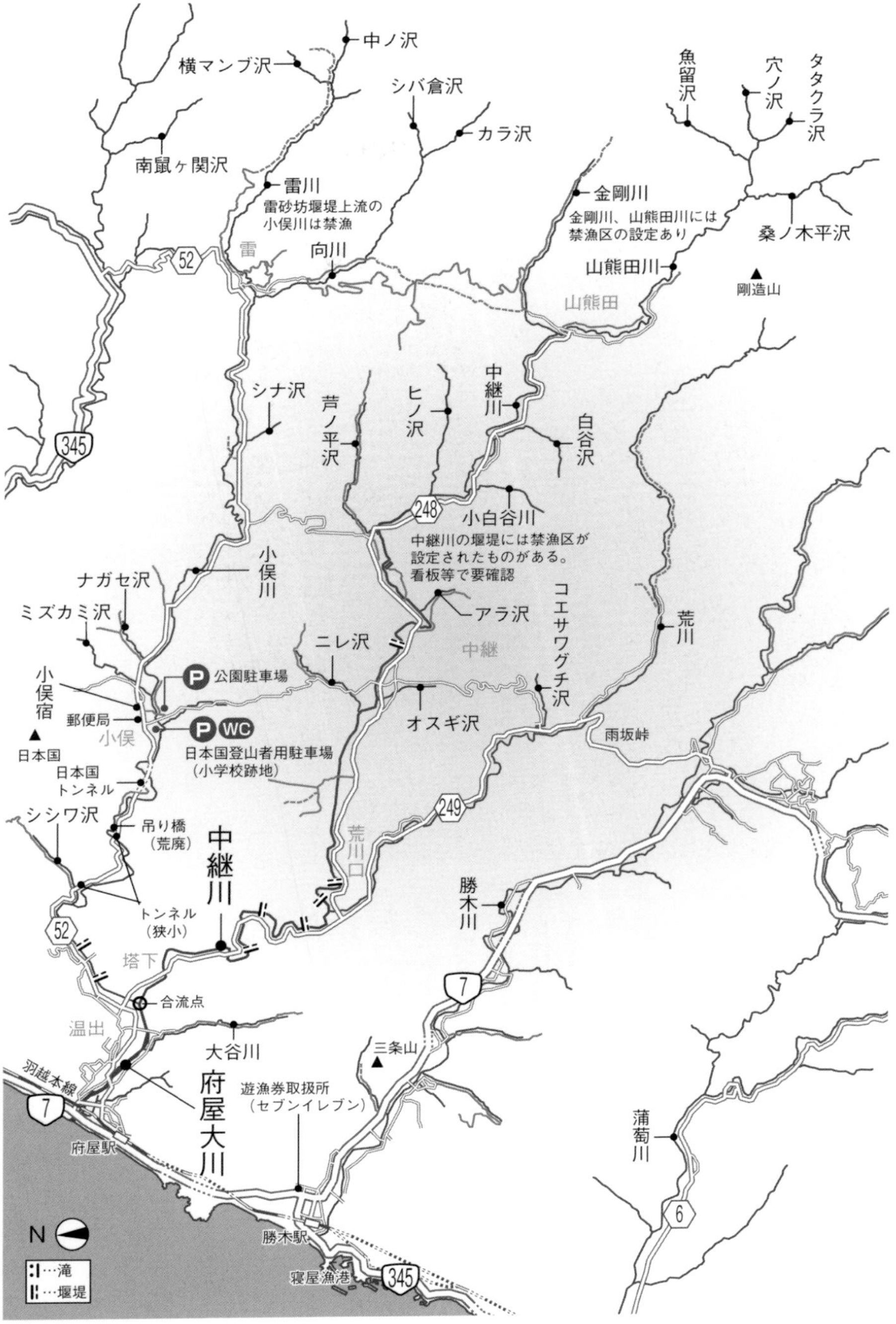

中ノ沢
横マンブ沢
シバ倉沢
カラ沢
南鼠ヶ関沢
雷川
雷砂坊堰堤上流の
小俣川は禁漁
雷
向川
52
魚留沢
穴ノ沢
タタクラ沢
金剛川
金剛川、山熊田川には
禁漁区の設定あり
桑ノ木平沢
山熊田川
剛造山
山熊田
345
中継川
ヒノ沢
芦ノ平沢
シナ沢
白谷沢
248
小白谷川
中継川の堰堤には禁漁区が
設定されたものがある。
看板等で要確認
小俣川
ナガセ沢
ミズカミ沢
アラ沢
コエサワグチ沢
荒川
ニレ沢
中継
小俣宿
公園駐車場
郵便局
オスギ沢
小俣
WC
日本国
日本国登山者用駐車場
（小学校跡地）
雨坂峠
日本国
トンネル
249
シシワ沢
吊り橋
（荒廃）
中継川
荒川口
勝木川
トンネル
（狭小）
52
塔下
7
合流点
温出
大谷川
三条山
羽越本線
府屋大川
7
遊漁券取扱所
（セブンイレブン）
蒲萄川
府屋駅
6
N
勝木駅
…滝
…堰堤
寝屋漁港
345

単独河川

勝《か》木《つ》川《ぎ》

入渓しやすく危険箇所も少ない手軽なフィールド
フライやテンカラも楽しい瀬の多い流れ

下流域の渓相。平瀬中心の流れからヤマメが躍り出る

勝木川は府屋大川と並び、新潟県北端の山北地区を流れる独立河川だ。源頭は朝日山地の前衛となる笠取山付近。その北側の水を集める勝木川は、同じ笠取山南面の水を集める三面川支流高根川と表裏の位置取りにある。

高根川はかつてヤマメ、イワナの宝庫として紹介された時代があるが、キャッチ&リリースという言葉さえ一般的ではなかった時代のこと。魚影は減少の一途をたどり、往時の面影はない。一方、勝木川は中下流部が日本海側の大動脈となる国道7号に沿って流れることが逆にサオ抜けの要因になるのか、現在もヤマメ主体に良型の姿がある。

●下流域は禁漁区設定に注意

勝木川のヤマメ釣り場は河口から1・5㎞ほどの所にある立島付近から始まる。集落の下流には取水堰堤があり、上下流とも禁漁区が設定されている。集落から上流に進むと流れはやがて国道7号に並行し、道路からの視線を感じる区間が続く。国道がスノーシェッドに入る手前に

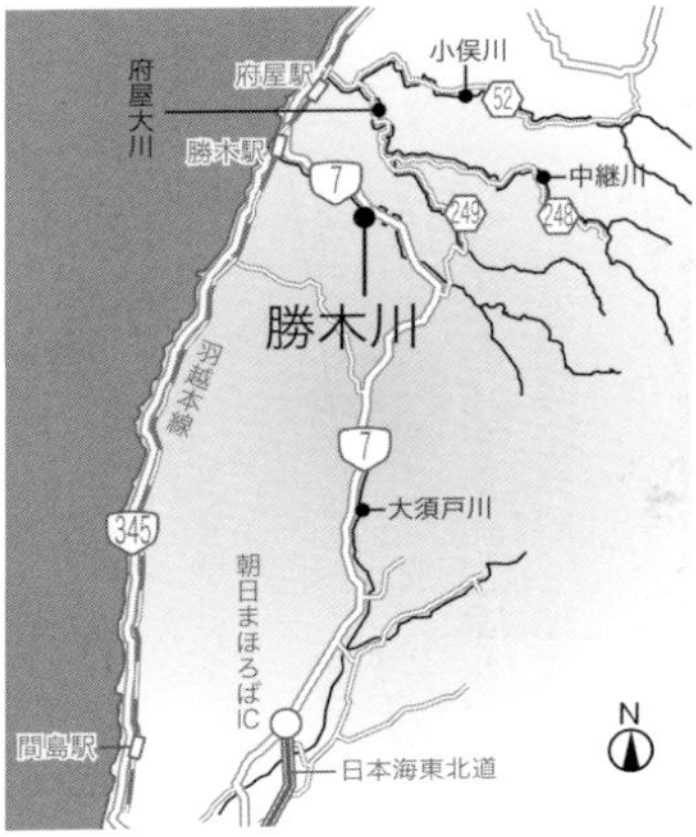

勝木川のヤマメ。河口から 1.5㎞ほど上がった辺りから釣れ始まる

低い取水堰堤があり、ここも禁漁区が設定されている。川の中を釣り歩いていくと禁漁区を示す看板が見えにくいので、注意してほしい。なお最下流、河口からJR鉄橋までも禁漁区となっている。

　この下流部は平瀬中心の渓相。水通しのよい場所を捜して釣ることになる。魚影にはムラがあり、8寸前後の良型が立て続くことがある一方、ボウズの憂き目にあうこともある。めぼしい場所を数箇所叩いてみて、反応が悪ければ場所を変えたほうが無難だ。

　川は一度国道から離れ、北赤谷の細い橋を過ぎるとふたたび国道に沿う。この区間は渓相が変化に富み、魚影も幾分安定してくる。教科書どおりのポイントからアタリが出ることが多いが、入渓者が多いタイミングもあり、その場合はサオ抜けを捜すことになる。状況を探りながら釣りを組み立てたい。

　北田中から国道の橋までは河畔林が迫る流れが続く。長ザオ、長仕掛けは釣りにくい。また水量によっては川通しに進むのが難しいことがある。ヤブが濃密なので岸に上がるのもままならない。特に釣り下る場合は進退きわまる可能性もあり注意が必要だ。なお、この区間の堰堤にも禁漁区が設定されている。

　国道の橋のすぐ上流には堰堤があり、この上流は国道が上大鳥トンネル、笠取トンネルと2つのトンネルで直線上に伸びるが、川は大きく蛇行する。だが川に沿って旧道が続くから入渓は容易。入渓者も頻繁に目にする。魚影も安定していて、スレ気味だがていねいに探ればアタリは得られる。

　やがて川は国道に沿って付かず離れず流れるようになる。下流に比べて水量は

information

- 河川名　勝木川
- 釣り場位置　新潟県村上市
- 主な対象魚　イワナ、ヤマメ
- 解禁期間　3月1日～9月30日
- 遊漁料　日釣券 1000円・年券 3000円
- 管轄漁協　大川漁業協同組合（Tel0254-62-7120）
- 最寄の遊漁券取扱所　セブンイレブン山北勝木店（Tel0254-77-3010）
- 交通　日本海東北自動車道・朝日まほろばICより国道7号で釣り場へ

下流域から少し上がると変化に富んだ流れが現れる

エサ釣りだけでなく、フライ、テンカラでもヤマメは手にできる

少なくなるものの川幅が狭まり傾斜が増す。木が被るポイントも増え、窮屈《きゅうくつ》な釣りを強いられる。そのぶん、魚影は多い区間だ。

北中の下流で大毎川を分けると勝木川は国道から離れる。ほどなくして川は澄川と濁沢に分かれ、山間の傾斜地に拓かれた水田の間で急速に傾斜を増す。魚影はあるが深追いするほどではない。種川としての機能に期待してそっとしておきたい区間だ。

●釣況アドバイス・仕掛け

解禁当初は雪もあり、釣れても小型がほとんど。下流で銀化ヤマメが釣れることもあるが、降海してサクラマスになる個体である。これが回帰すれば川のヤマメも増える可能性が高い。リリースが当然だろう。

本格的なシーズンは4月下旬以降。雪代が落ち着いてからが目安になる。また夏期は減水し水温も上がるためかアユ釣りの人を多く見かける。増水時には良型ヤマメが出ることもあるが、賭けの要素が大きい。

河川規模は大きくないから、エサ釣りでは5～6m程度のサオが使いやすい。ヤマメのサイズは7～8寸が主体。9寸まではそれほど珍しくないが、尺となると滅多に出ないから、ハリスは0・3号程度でいい。エサはミミズで充分だ。

また瀬が主体となる区間も多く、フライやテンカラも楽しめる。

勝木川は入渓しやすく危険箇所もほとんどない。それでも魚影は安定している。国道沿いというロケーションからゴミがやや目立つなど難点もないわけではないが、初夏の頃には途切れることなく遡上する稚アユの大群を目にしたり、淵尻に佇むサクラマスに遭遇することもある

(サクラマスは禁漁)。ヤマメの姿が絶えないのは海とのかかわりが保たれているからだろう。

幹線道路沿いとはいえ、両岸に生い茂る草木が目隠しの役目を果たし、一度川に入ってしまえば思いの外自然度の高い流れが続く。反面、身近で手軽なオアシスとでもいうべき勝木川を紹介することにためらいがあったのも事実。リリースを基本に釣りを楽しんで頂けたらというのが筆者のささやかな希望である。

(高橋)

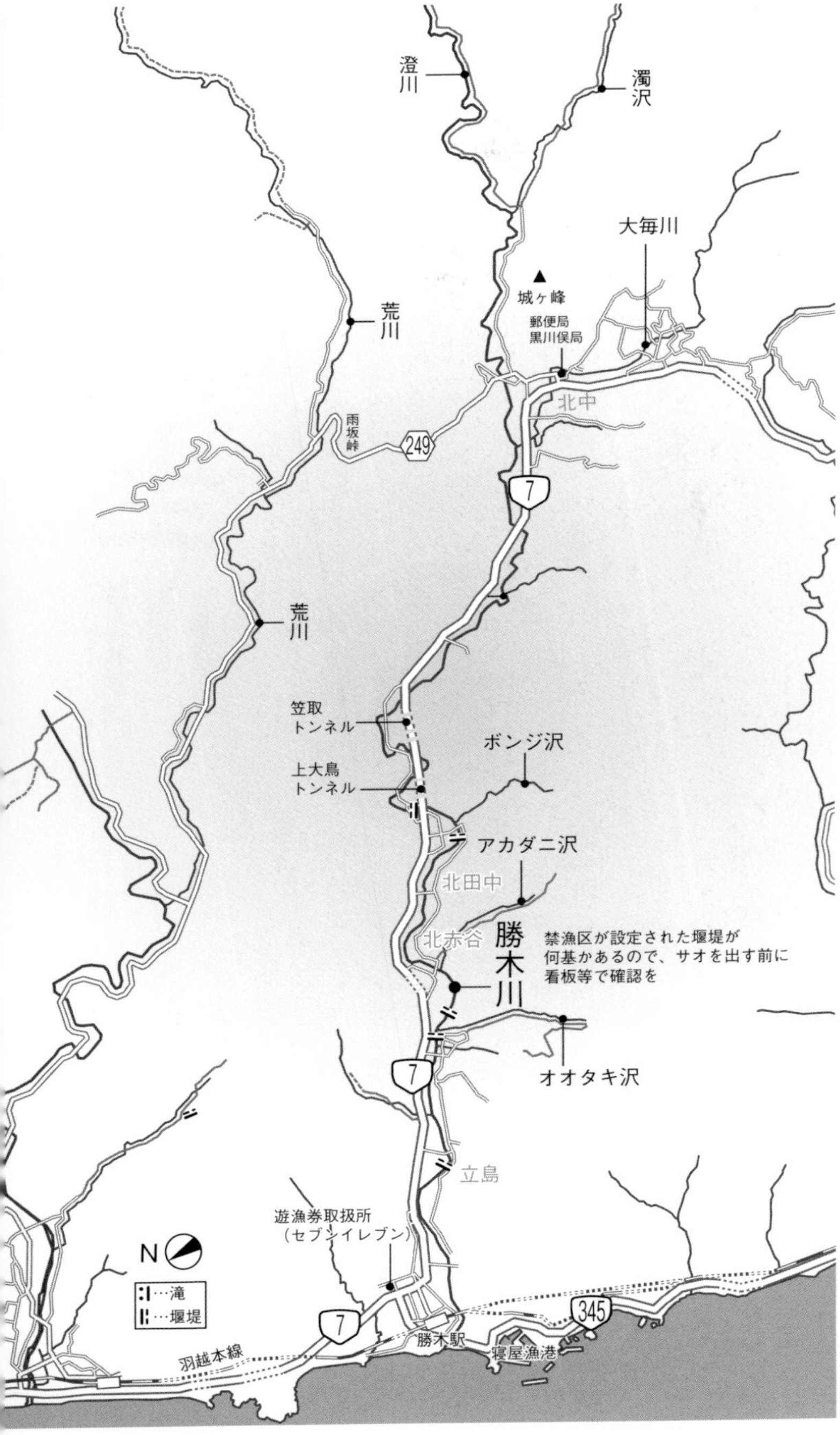

単独河川

能《の》生《う》川

小規模ながら大きなダムや取水がない貴重な流れ
柵口温泉や地元ベニズワイガニもお勧め

島道川の合流点付近の渓相。ここから上流がメインフィールドだ

新潟県西部、日本海からにわかに立ち上がる山々は頚城《くびき》山塊と呼ばれ、冬季、日本海からの季節風を受けて桁外れの豪雪をもたらす。

一方、この山域は比較的新しい地質からなるフォッサマグナ地帯にあり、脆弱な堆積岩を含むことから浸食が激しい。そこに豪雪が加わるものだから、雪代の季節、この辺りの川は濁ったままとなる。雪崩が削った土砂が絶えず流入するわけだ。また雨後も濁りやすく、20～30㎜程度の降水で数日濁りが引かないこともある。しかし、こうした環境下を流れる川にも渓流魚はしたたかに生息している。

能生川は頚城山塊の最高峰・火打山から流れ出す流程20㎞ほどの独立河川。例にもれず雪代期は濁りが続くため好期は長くはないが、大規模なダムや取水がない川はこの地域では貴重だ。

●ヤマメは須川地区から魚影が安定

能生川の釣り場は島道川の合流点付近から上流が一般的である。これより下流にもヤマメはいるのだが、魚影の少なさ

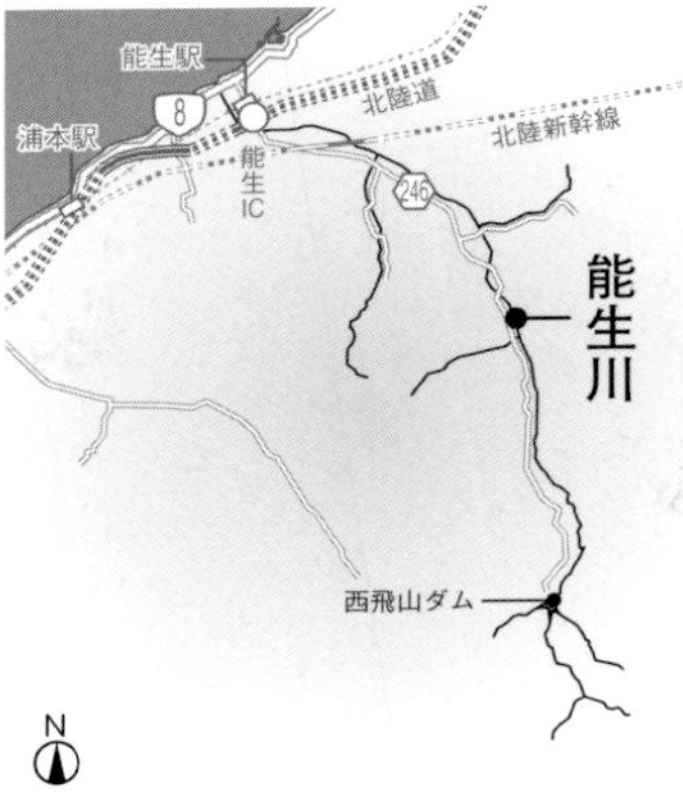

information

●河川名　能生川
●釣り場位置　新潟県糸魚川市
●主な対象魚　イワナ、ヤマメ
●解禁期間　3月1日～9月30日
●遊漁料　日釣券2200円・年券7700円
●管轄漁協　能生内水面漁業協同組合（Tel025-566-4854）
●最寄の遊漁券取扱所　セブンイレブン能生インター店（Tel025-566-5275）
●交通　北陸自動車道・能生IC下車。県道246号で釣り場へ

はなかなか。代わりに釣れてくるのはウグイばかりだ。ただ釣れれば尺ヤマメの可能性もあるので、宝探し的な釣りを楽しめるならサオをだす価値はある。水温にもよるが、タルミはウグイの巣窟になっていることが多く、流れの通った場所を中心に脚を使って探り歩きたい。

島道川の合流点から上流もウグイは多いが、ヤマメの魚影は上流に進むにつれ少しずつ多くなる。ヤマメに食い気があれば数投以内に食ってくることが多いので、ここも粘らずに広く探るのが適策だ。

やがて川に沿って上流へと伸びる県道246号が能生川を二度渡る。上流に向かって車を走らせると、右から左に川を渡った後、500mほどでまた右に渡り返す形だ。地名でいうと須川辺りである。ここからがヤマメの魚影が安定している区間で、川は下流側の須川橋から上流側の諏訪橋を経て1km弱で堰堤に行き当たる。この堰堤は下流からの遡上止になっている。

諏訪橋手前を左折すると川沿いを農道が延びていて堰堤近くまで行けるが、駐

河口から 3㎞ほどの場所に架かる白山大橋付近の流れ。ヤマメの魚影は少ないものの尺ヤマメの可能性がある

車スペースは狭小。農作業の邪魔になる恐れがあるので、農道の奥までは車を乗り入れず、手前の路肩が広い場所などを利用させてもらおう。もちろん農繁期はこうした場所への駐車も避けるべきだ。

この区間は大石や消波ブロックの絡んだ渓相が人を引きつけるのか、釣り人の姿もよく見かける。それでもていねいな釣りを心掛ければ釣果に結び付く。サイズは20㎝前後が主体で、時折り良型が混じるイメージだ。

堰堤の下は一層ねらわれているが、夏以降は、遡上の本能に導かれた渓魚が留まる場所。堰堤直下というロケーションに目をつむってサオをだせば、良型に出会える可能性もある。

●柵口地区以遠は徐々に谷が狭まる

堰堤を越えると柵口《ませぐち》地区となる。何軒かの温泉宿と集落があり、その上下に橋が架かる。早期もねらえる釣り場だが、雪代後も悪くない。ここまで来るとイワナの姿も見えだす。ただ案外入渓者が多いのか魚はスレ気味。相応の慎重さが求

島道川合流点より上流の渓相。流れの通った場所を中心に脚を使って探り歩きたい

下流からの遡上止めとなる堰堤。この付近はヤマメが安定して釣れる

められる。

旅館権現荘（柵口温泉）の先を折れて川に向かうと橋があり、上流には堰堤がある。ここから上流は谷が狭まり、川沿いの道路から落差が出て入渓しにくくなる。6～7km も上がると西飛山ダムがあるが、そこまでは渓谷状。入渓にはそれなりの装備が必要だ。ダム上流も気になるところだが、以前に筆者が訪れたときはダムへ向かう道は封鎖され、立入禁止の看板が掲げられていた。

●釣況アドバイスほか

前述したように、解禁当初、雪代流入までは柵口温泉付近でイワナやヤマメが釣れる。とはいえ、この地は豪雪地。解禁の頃でも一晩に数十cmの降雪は珍しくない。かつて柵口地区を襲った雪崩は13人もの命を奪った。雪庇の踏み抜きなどにも充分に注意し、カンジキなどの雪対策も考えたい。

能生川の雪代は概ね3月半ばに始まり5月一杯続く。5月末か6月初旬に濁りが薄れてくる頃が本格的なシーズンインとなる。だが以降も流れが澄みきることは少なく、かすかに濁った状態が標準と考えていい。また梅雨の季節を前に一度渇水することが多く、このときの高水温が遡上を促すのか、下流部でヤマメが掛かるのは梅雨入りの頃までがほとんどだ。

梅雨の季節は降れば濁るが、雪代期と違って数日後には大抵釣りになる。濁りには魚も馴れているので、多少濁りが強いように見えてもサオをだせばアタリが得られることが多い。むしろ良型をねらうなら平水に戻る寸前がチャンスだ。

夏以降は水量が減りシビアな季節。これもねらいは増水後である。また近年は天然遡上もある下流部のアユ釣りが人気だ。

能生川は中流部以降、渓相も悪くないし、小型中心ながら魚影の安定した区間があり、尺ヤマメの可能性もある。河川規模は大きくないので一日じっくりと浸るには少々物足りないかもしれないが、近隣の川とセットでサオをだしてみてはいかがだろうか。

また柵口温泉はクセがないのによく温まり、釣りで冷えたときにはうってつけである。さらに能生のベニズワイガニの水揚げは全国でも屈指。海沿いに出て少し走ればカニの直売所が並ぶ道の駅マリンドリーム能生もあり、キャンプ場も併設される。楽しみのバリエーションが多彩なのも能生川の魅力である。（高橋）

白山大橋付近で釣れた32㎝のヤマメ。河川規模は大きくないが尺ヤマメもねらえる渓だ

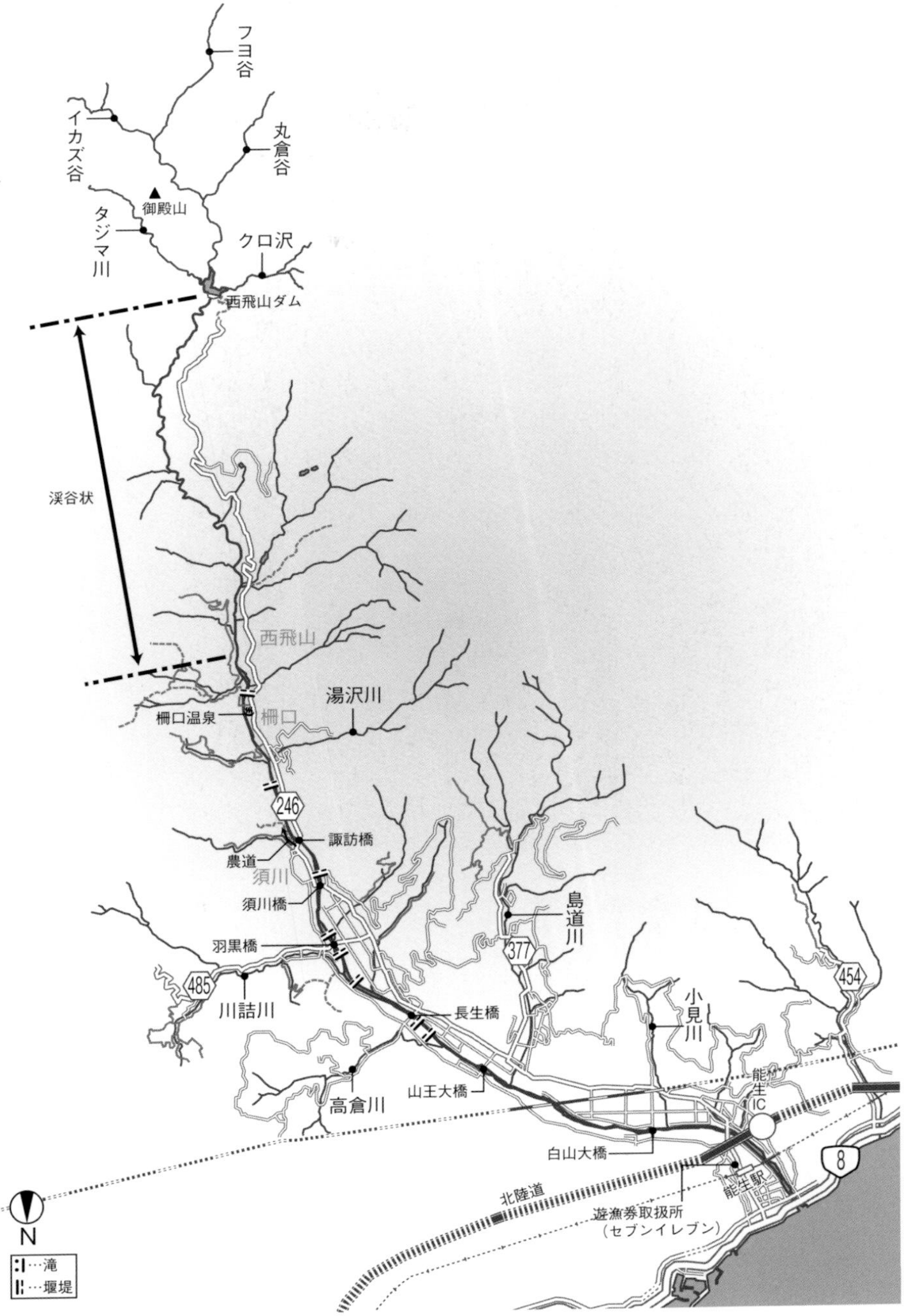
フヨ谷
イカズ谷
丸倉谷
御殿山
タジマ川
クロ沢
西飛山ダム
渓谷状
西飛山
湯沢川
柵口温泉
柵口
246
諏訪橋
農道
須川
須川橋
島道川
羽黒橋
377
485
川詰川
長生橋
小見川
454
高倉川
山王大橋
能生IC
白山大橋
8
北陸道
能生駅
遊漁券取扱所
（セブンイレブン）
N
…滝
…堰堤

単独河川

早川《はや》

堰堤が連続する流れに予想を超える魚影と型
解禁直後から雪代前の3月と5月下旬以降がお勧め

越橋直下の渓相を望む。急勾配を駆け下る強い流れが要所に深みを形成している

新潟県の西端、糸魚川市を流れる早川は、わずかな距離で頚城山塊の核心部から日本海へと達する急流。その名のとおり早瀬、荒瀬を主とした渓相だが、全般に床止の堰堤が目立つ。そのせいか河床低下が進行し、護岸目的で並べられたコンクリートブロックが川に向けて傾斜したり崩れたりと、荒れた印象を受ける場所も多い。しかし北陸の多くの川がそうであるように、人工物で荒れ、過度に取水されているにもかかわらず、ヤマメ、イワナの魚影はある。しかも思いのほか立派なサイズが潜んでいるのである。

●下流エリアは水量のある時ねらい

ポイントは波の音が聞こえる所から始まる。国道8号早川橋付近から上流300mほどにある発電所放水口までの区間が最下流のポイントで、ここは早川の全流量がまとまるために水量が安定している。出水の度に流れが変わるが、河口からすぐの所に淵が形成されていればサオをだしてみたい。大型のイワナ（降海型のニッコウイワナではないか）や良型のヤマメが掛かることがあるからだ。またある時は銀化したブラウントラウトを釣ったこともある。さすがにブラウンは場違いだが、いずれにせよ意外性のあるポイントだ。

ただ、渓流釣り場としてはやはり下流すぎるようで、夏期はアユ釣り場になるし、ウグイも多く、フグを釣ったことさえある。徒労に終わることも多いので過度な期待は無用だ。

放水口を過ぎると流れは痩せ、夏期はかなり減水する。雪代の残る頃と梅雨時期の釣り場だ。北陸新幹線の橋付近から早速床止工が数基続き、殺風景ながらその落ち込みには良型のヤマメやイワナが入っていることがある。食い気があるときは落ち込みの深場よりも流れ出しに陣取っていることが多い。不用意なアプローチで追い込んでしまわないよう慎重に。なおウグイの数もなかなか。エサ釣りの場合は多めのエサを持参したほうが無難だ。

北陸自動車道の上流は令和2年6月の時点で新しい堰堤を建設中だったので、周辺の流れは変わっている可能性がある。またそうでなくてもこの辺りは毎年のように流れが変わる。堰堤絡みがメインの区間だが、インターバルに好ポイントが形成されることもあるので、現地で目につく場所があればサオをだしてみたい。

これより上流しばらくの区間は取水によって水量が少なく、また下流からの魚の供給がほとんど期待できないことから、釣り場としては見劣りする。

●滝川原の取水堰以遠の堰堤群

水量が復活するのは滝川原にある取水堰からだ。早川沿いを上流へ伸びる県道270号を上流へ進むと、新町の集落を過ぎて家屋がまばらになった辺り、滝川原で道路と川が接近する。その接近点から少し下流に取水堰がある（上下100m禁漁）。ここから上流は数百メートルおきに堰堤があり、相変わらずロケーションは今ひとつだが、急勾配を駆け下る強い流れが要所に深みを形成しているうえ、堰堤自体の落ち込みも大きく、ポイントにはこと欠かない。

早川で比較的魚影が安定しているのもこの区間で、前川が合流する切込橋付近までがこの川の核心部と考えてよいだろう。ヤマメは20㎝級を中心にそこそこ数

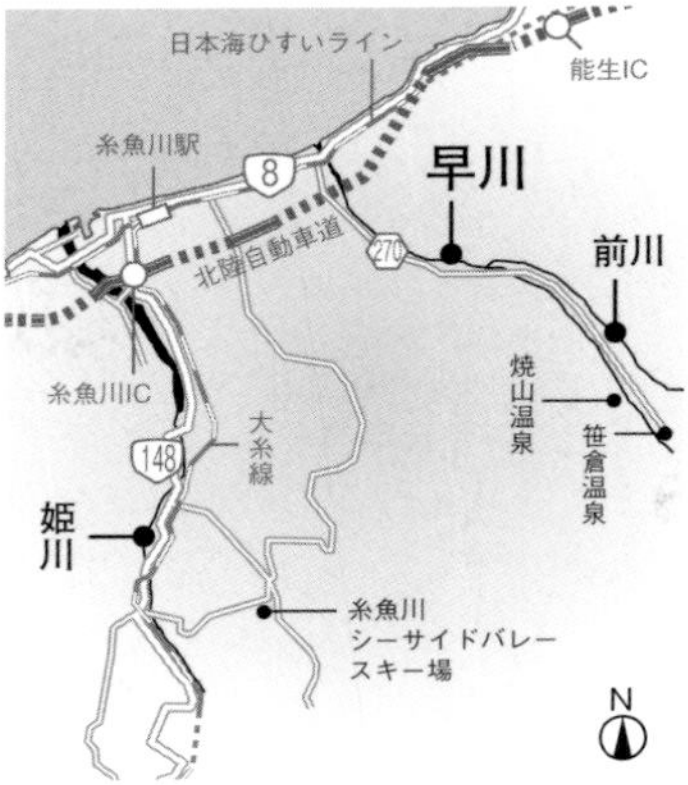

information

●河川名　早川
●釣り場位置　新潟県糸魚川市
●主な対象魚　イワナ、ヤマメ
●解禁期間　3月1日～9月30日
●遊漁料　日釣券2200円・年券1万450円
●管轄漁協　糸魚川内水面漁業協同組合（Tel025-552-7828）
●最寄の遊漁券取扱所　セブンイレブン能生鬼伏店（Tel025-566-5281）
●交通　北陸自動車道・糸魚川ICもしくは能生ICを下車。国道8号、県道270号で早川の各釣り場へ

北陸新幹線が渡る最下流部は海の見える渓流釣り場。この付近は渇水がちだが、増水時には良型の実績がある

イワナは解禁当初から40cm超の可能性も充分にある

も出る。一方、イワナの数は多くないものの掛かれば尺といった感じで、40cm級の実績もある。不思議と中小型のイワナはめったに釣れない。

支流の前川も堰堤続きで本流と似たイメージだが、幾度かの探釣にもかかわらず筆者はほとんど釣果を得ていない。タイミング次第ではよい釣りができる可能性はあると思うのだが。

前川合流点からの本流は切込橋付近で荒瀬のポイントが続く。以降、しばらくは道路から離れ、やがて東北電力の発電所放水口を過ぎると、流れは極端に痩せる。コンクリートブロックが敷き詰められた場所が多くなり、堰堤も多い。ブロックの隙間に魚影を捜すのでは釣趣もない。上流にある笹倉温泉の付近も同様で、電力と引き換えに魅力を失った形だ。

●仕掛け・釣況アドバイス

エサ釣りの場合、全域を通じてサオは6m程度が使いやすい。ヤマメは25cmといえば大型だが、イワナは解禁当初から40cm超の可能性も充分にある。ラインは0・4号以上といったところが妥当だろう。エサは通年ミミズが有効。初期はキンパクに反応がよい。キンパクは現地でも採集できる。

早川は解禁直後から雪代前の3月と、雪代が落ち着く5月下旬以降がお勧め。また夏期は全般に渇水するので、釣果は雨後にまとまる傾向が強いが、降って間もなければ濁りが残るし、時間を置きすぎれば渇水に戻ってしまう。タイミングを読んで釣行したい。参考までに、20～30mm程度の降水で翌々日くらいがベストだ。

3月の解禁当初はまだ雪深い。海岸と山岳が近いこの地域では、河口付近に雪はなくても、川沿いを数km入っただけで1～2mの積雪になっているのが普通。流れ際の雪庇や、用水路の踏み抜きなどに注意が必要だ。また雪のために駐車場所が限られる。通行や除雪作業の障害にならないよう、春先は特に駐車場所に細心の注意を払ってほしい。

またこの時期、川まで多少距離がある場合には、カンジキがあると歩きやすい。

早朝は雪が凍みていて不要だが、川から上がる頃には雪が緩んで、道路までの数百mの雪上歩きに難渋することもある。

カンジキは平地用の歯のないものでよく、新潟県内のホームセンターでは2～3千円程度で手に入る。

（高橋）

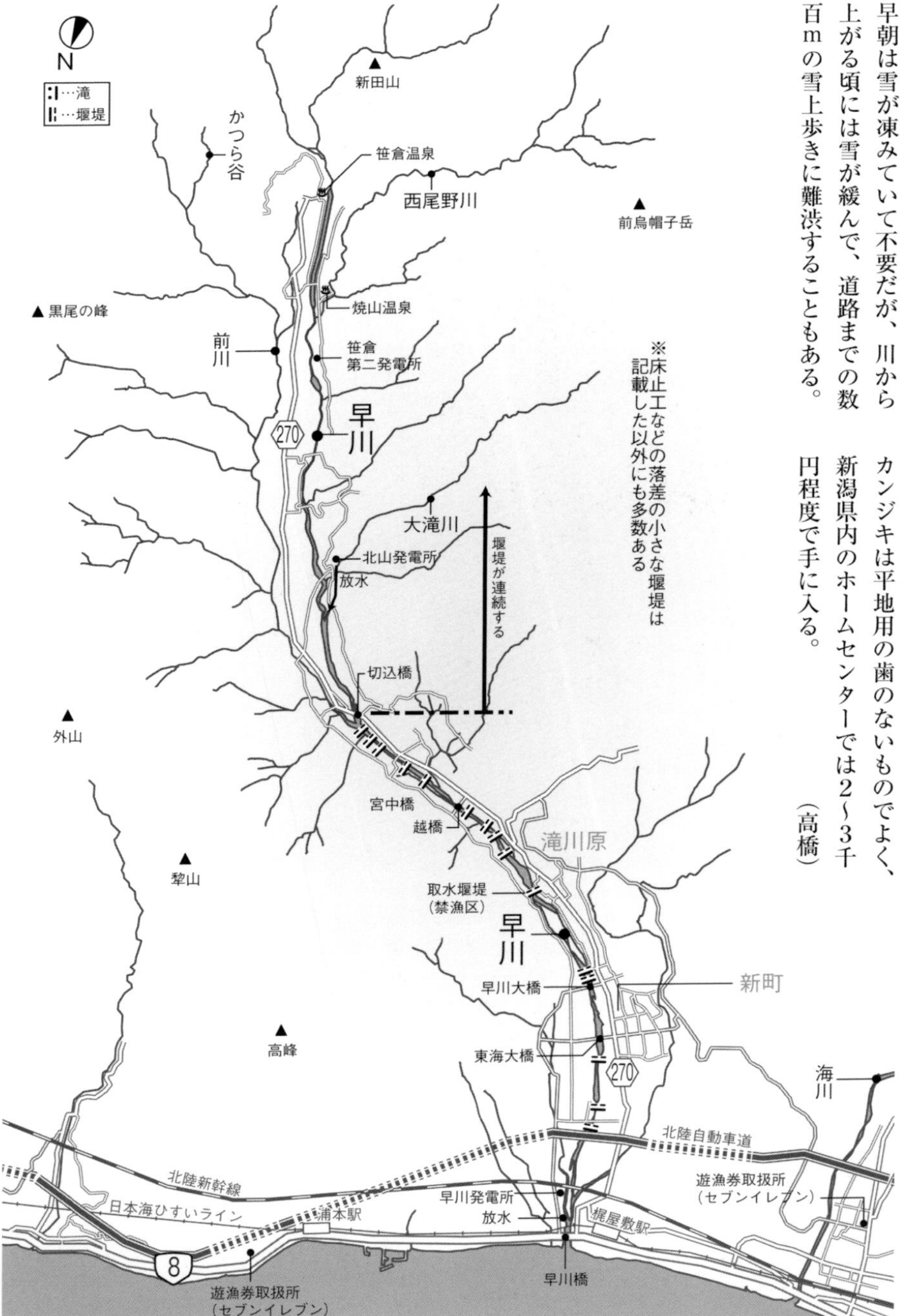

川島橋周辺の流れを望む。付近にはポイントが多く、サオをだしてみる価値あり

単独河川

海《う》川《み》

かつて山崩れで生じた堰止湖があったことに川の名は由来する 2000m級の峰に発する流れは河口から釣り場が始まる

糸魚川の名渓・海川は、頸城山塊西部の金山、雨飾山といった豪雪の2000m峰から流れ出す。20㎞に満たない流程にもかかわらず水量は豊富。フォッサマグナの大地を削って流れる水は独特の濁りをまといながらも滋養に富み、多くの水生昆虫を育む。当然、渓流魚の生息環境としても申し分がない。

海川の渓流釣り場は上下2つに分けられる。上流部は海谷渓谷と呼ばれ、海谷三峡パークから登山道を徒歩でのアプローチとなる。ここはイワナ釣り場として

河口からわずかなところで釣れた海川のヤマメ。良型がたて続くことも

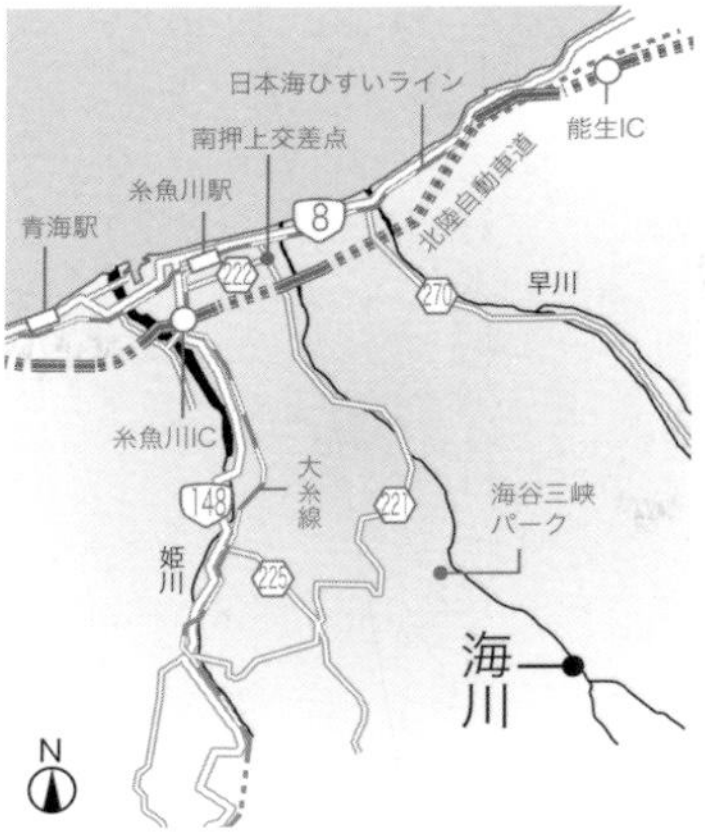

information

●河川名　海川
●釣り場位置　新潟県糸魚川市
●主な対象魚　イワナ、ヤマメ
●解禁期間　3月1日～9月30日
●遊漁料　日釣券2200円・年券1万450円
●管轄漁協　糸魚川内水面漁業協同組合（Tel025-552-7828）
●最寄の遊漁券取扱所　セブンイレブン糸魚川大野店（Tel025-553-0539）、ローソン小谷店（Tel0261-82-3432）
●交通　北陸自動車道・糸魚川IC下車。国道148号から県道222号を右折して能生方面へ進み、南押上交差点を右折して海川へ。上流へはIC出口を左折、国道148号から根知谷入口交差点を左折で海谷三峡パーク方面へ

有名ではあるが、釣り場までには徒渉もあり、ちょっとした増水でも戻れなくなる。遠来の釣り人が気軽に立ち寄れる場所ではなく、入渓にはしっかりとした計画、装備が不可欠だ。

一方、下流部は手軽に入渓できる里川の釣り場。ここではこちらを紹介したい。

●河口から2km上流でヤマメ釣り場

海川の河口は、海岸線に並行して延びる国道8号のすぐ下流。この付近でサオをだすのは渓流釣りのイメージとはかけ離れているが、かつて、釣り下った勢いでサオをだした時にはパーマークも鮮やかな泣き尺のヤマメが釣れた。ハリ掛かりしたのは河口左岸突堤の際、海の波がうねる流れの中である。意外性も釣りの楽しみの1つだ。

河口から2kmほど遡ると、流れは北陸自動車道をくぐる。この辺りからが一般的なヤマメ釣り場だ。北陸道やその上流に架かる羽生橋付近は、解禁当初、小型ながら数釣れることがある。いれば何かしら反応はある

ので、アタリがない場合にはすぐに移動したほうがよい。粘って釣れるような場所ではないのである。一方、ここで数が伸びるようなら上下流に釣り歩いてみるとよい。瀬の中にも魚が散っているはずだ。

またここは雪代が終わる6月以降も面白い。25㎝級のヤマメが連発することがあるからだ。ブロックを並べた床止工が絡むポイントが大半だが、その間の瀬でも充分に可能性がある。尺ヤマメの実績もあるから侮れない。

北陸道付近から2㎞ほど上流に向かうと、左岸から支流の水保川が合わさる。

河口から２㎞ほど遡ると、流れは北陸自動車道をくぐる。一般的なヤマメの流れだ

羽生橋付近の流れ。解禁当初は小型ながら数が期待できる

水保川は集落の中を流れる細流だが、早期は集落内でヤマメが釣れることがある。

水保川の合流点前後の海川は平瀬主体の渓相で穏やかな区間だ。一方、西海橋の下流には深瀬があり、緩流区間から急に落差が出るので魚が集まりやすい。雪代後、梅雨の時期にかけて20～25㎝級の魚影が安定している。やがて流れの中に大石が目立つようになると川島集落である。

●川島橋～あわくら橋間

川島橋から上流、道平の海川橋までの区間には堰堤が2基ある。川島と道平のちょうど中間辺り、道路から離れた崖下にあるのは古い取水堰で、高い堰堤のない海川下流部には珍しく、やや高さがある。かつてはこの一帯でよく良型が釣れたものだ。今も周辺にはポイントが多く、サオをだしてみる価値はある。

その上流、道平のワークセンターにしうみ（旧小学校）付近で道路と川が接近するとすぐに海川橋となる。この下流にある堰堤は近年改修されたもので、その

水保川出合付近の渓相。平瀬
主体の穏やかな流れが続く

下流部は手軽に入渓できるが、タイミングによっては尺ヤマメも期待できる

31㎝のヤマメ。体高のある美しい魚体だ

下流は河床にまでブロックが敷かれている。自然環境に配慮する工事が主流になりつつある昨今、ここだけ時流に乗り遅れた感が否めない。この辺りは深みもあり魚影の多い場所だったのだが、こうした河川工事が災いしてか、近年は今一歩奮わない。また成魚放流されたと思しきヤマメが釣れることもあり、ますます釣り場としての魅力を失いつつあるのが残念だ。

海川橋の上流はしばらくよい瀬が続き渓相が整うが、真木橋の上流で発電所の放水口を越えるとその先は流れが細くなる。川は急激に傾斜を増し、高い護岸に挟まれ、コンクリートブロックだらけの水路状。やがて迎えるあわくら橋周辺では、橋の上流で右岸から合わさる不動川の水量によって、辛うじて流れを維持している状態である。しかも以遠は下流部と打って変わり峡谷となることから、下流部の釣り場は真木橋付近までが一般的だろう。

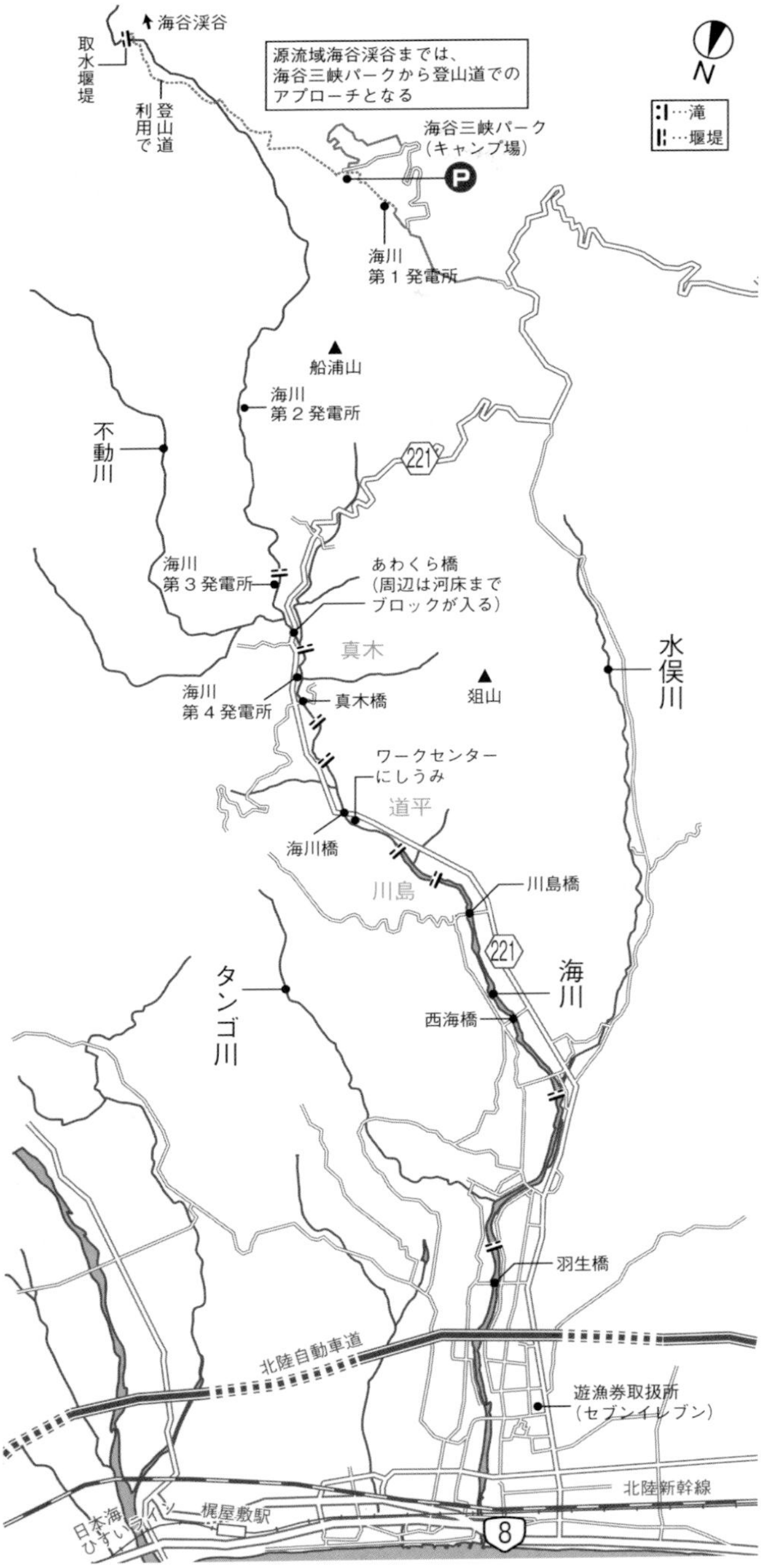

●釣況アドバイス・仕掛け

海川の雪代は3月20日頃に始まり、早くて5月上旬、遅いと6月初旬まで続く。その間は濁りが強く釣りにはならないと見ていい。また上流で山抜けがあったのか、近年は雪代後もしばらく白濁が続くことが多い。だが魚は馴れているようで釣りにはなる。

雪代前、ヤマメは20cmに満たない小型がほとんどで、雪代後は20cm級をメインに尺ヤマメも出る。下流部ではイワナはたまに混じる程度。上流、海谷はイワナのみだ。

エサ釣りの場合、早期はキンパク（現地採集可）かミミズ、ブドウ虫。雪代収束以降はミミズがよく、サオは6mクラスが使いやすい。ハリスは0・3〜0・4号程度が適当だ。

残念なことに、近年、海川も渓流魚は減少傾向。釣り人が出来ることとしてリリースは励行したい。（高橋）

単独河川

姫《ひめ》川

3月前半と雪代後の1ヵ月、秋口がねらいめ
水況を注視しつつ支流も視野に入れた釣行を

山本橋周辺の渓相。岩盤へのブッツケや長いトロ場など変化に富んだポイントが続く

初夏、糸魚川から白馬に向かう道すがら、眩いばかりにきらめく姫川の流れに目を奪われる。左に駒ヶ岳の特異な山容と新緑の雨飾山、右奥には冠雪したままの白馬岳がそびえ、その只中を青い姫川がさらさらと流れるのである。姫川の名は、古代この地を治め、古事記にも描かれる奴奈《ぬな》川姫に由来するといわれるが、先人はその美しさに姫の名を冠したのではないか。また川と並行して糸魚川と中信地方の交易を支えた塩の道が延びるなど、歴史や民俗の面からも興味深い。

山本橋周辺の流れで出た尺のヤマメ

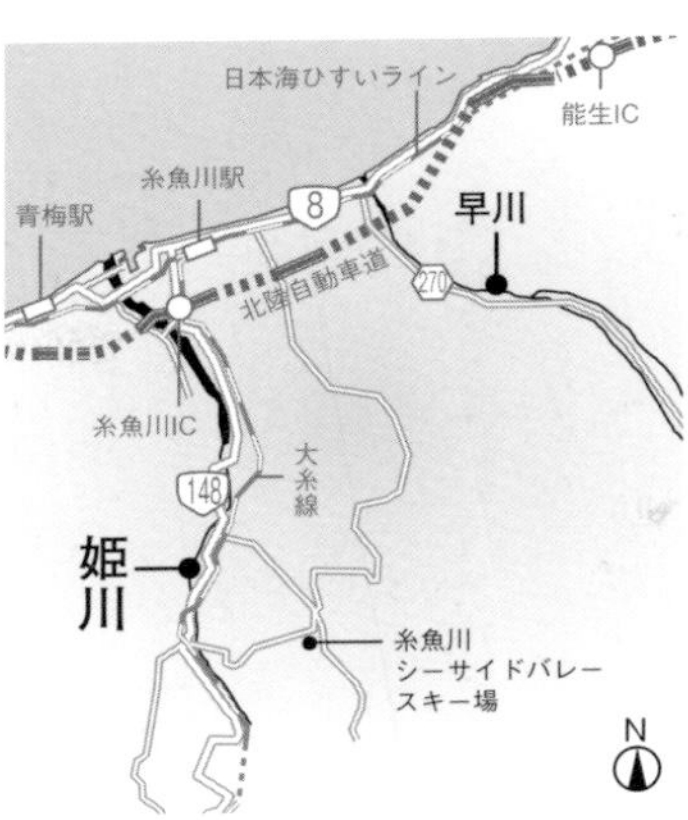

information

●河川名　姫川
●釣り場位置　新潟県糸魚川市
●主な対象魚　イワナ、ヤマメ、ニジマス
●解禁期間　3月1日～9月30日
●遊漁料　日釣券2200円・年券1万450円
●管轄漁協　糸魚川内水面漁業協同組合（Tel025-552-7828）
●最寄の遊漁券取扱所
セブンイレブン糸魚川大野店（Tel025-553-0539）、ローソン小谷店（Tel0261-82-3432）
●交通　北陸自動車道・糸魚川IC下車。国道148号で姫川の各釣り場へ

●概況

姫川の川筋は、フォッサマグナの西縁、糸魚川―静岡構造線に沿う。左岸側は概して古く安定した地質である一方、右岸側は比較的新しい堆積岩の隆起と火山による造山帯で、地質は脆弱である。そのため右岸の支流からは濁りが入りやすく、雪代期などは澄む暇がない。姫川本流は雪代の季節と梅雨や台風などのまとまった雨の後は釣りにならない。

雪代が始まるのは3月の半ばを過ぎてからで、それまでは渇水下にある。この時期、根知川合流点付近より下流では25cm前後のヤマメ、35cm前後のイワナが釣れることがある。魚影は多くはないが、初期に良型と出会える川は新潟では貴重だ。

雪代期を過ぎると、流量を人為的に制御された河川だけに水位は一気に下がる。小滝川合流点の上流にある頭取工から下流は6月中に渇水に悩まされる年もあるほどだ。ただ水位が落ち切る頃はチャンス。尺ヤマメがハリ掛かりすることもあるし、イワナは50cm超の実績もある。こ

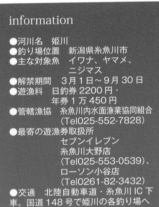

れをねらうには伏流水が湧く場所を捜すのが近道。伏流水は地中を通るぶん、水温が低く安定している。魚たちは減水の後に渇水、高水温が待ち受けていることを知っているようだ。

姫川に限らず、伏流水が湧く場所は川の傾斜や地形を考慮して捜す。川は通常、岩盤の上に多くの石が堆積した構造になっていて、伏流水はこの堆積した石の隙間を流れている。したがって、川底に岩盤が露出した深みでは伏流水が湧いている可能性が高い。また急傾斜区間のすぐ下流にある深みも、高低差による水圧によって伏流水が湧きやすい。姫川では、流れ込み周辺の岸から水が湧き出ているケースもあり、こういった場所は高水温時の貴重なポイントになる。

●目まぐるしく変化する下流部

姫川下流部は出水の度に川相が変わる。ある時によく釣れた深みが翌月には岸になっていたことさえあるほどだ。それだけにガイドに記すのは難しいが、国道148号・山本橋下流の岩盤へのブッツケの深み、国道トンネル下の堰堤下流に続く長いトロ場などは渓相が変わりにくく実績もある。参考にして頂きたい。

またこの辺りはニジマスが多い。ヒレピンで40cmを超えるものも多いので複雑だが、このロケーションにニジマスは似合わないと感じるのは筆者だけではないだろう。特に最近はヤマメよりもニジマスが多い状態である。またヤマメにしても成魚放流されたと思しき残念な魚が掛

山本橋上流の流れを望む。この辺りはニジマスの魚影も多い

かることがある。本来、姫川のヤマメは美形揃いなだけに、これが掛かった時の落胆は大きい。

ただ釣れればいいという時代ではない。


自然環境下での再生産が期待できる川づくりにシフトする頃だと思うのだが。

姫川の取水は環境への配慮があるとは思えない規模で、大半の水が導水管を通り、海から1㎞ほどの放水口まで川に戻ることはない。渇水すると水温は上昇、渓流魚の生存が危ぶまれるレベルだ。魚たちは伏流水の湧く深みなどでこの過酷な環境をやり過ごすようだが、その間、エサを充分に摂ることができないのか、6月初旬には丸々と太っていたヤマメが下旬には痩せ細った魚体ばかりになることもある。このため姫川の釣り期は3月前半と雪代後1ヵ月あまり、そして秋口に限られ、周辺河川や支流も視野に計画したい。

根知川合流付近の姫川の流れ。残雪の小蓮華山、白馬岳をバックに初夏の流れが煌めく

●支流・根知川、小滝川

根知川は田園地帯を流れる里川で、シーサイドバレースキー場付近までが釣りやすい。姫川から1㎞ほど上った所に堰堤があり、ここまでは本流と魚の往来がある。そこから上流は低いブロックの床止工が連続し釣趣に欠けるが、皮肉なことにその落ち込みで良型が掛かる。雪代期は濁りが強く、夏場は渇水するため釣期は短いが、本流より早く雪代が収まる。

ヒスイで有名な小滝川は、取水堰を越

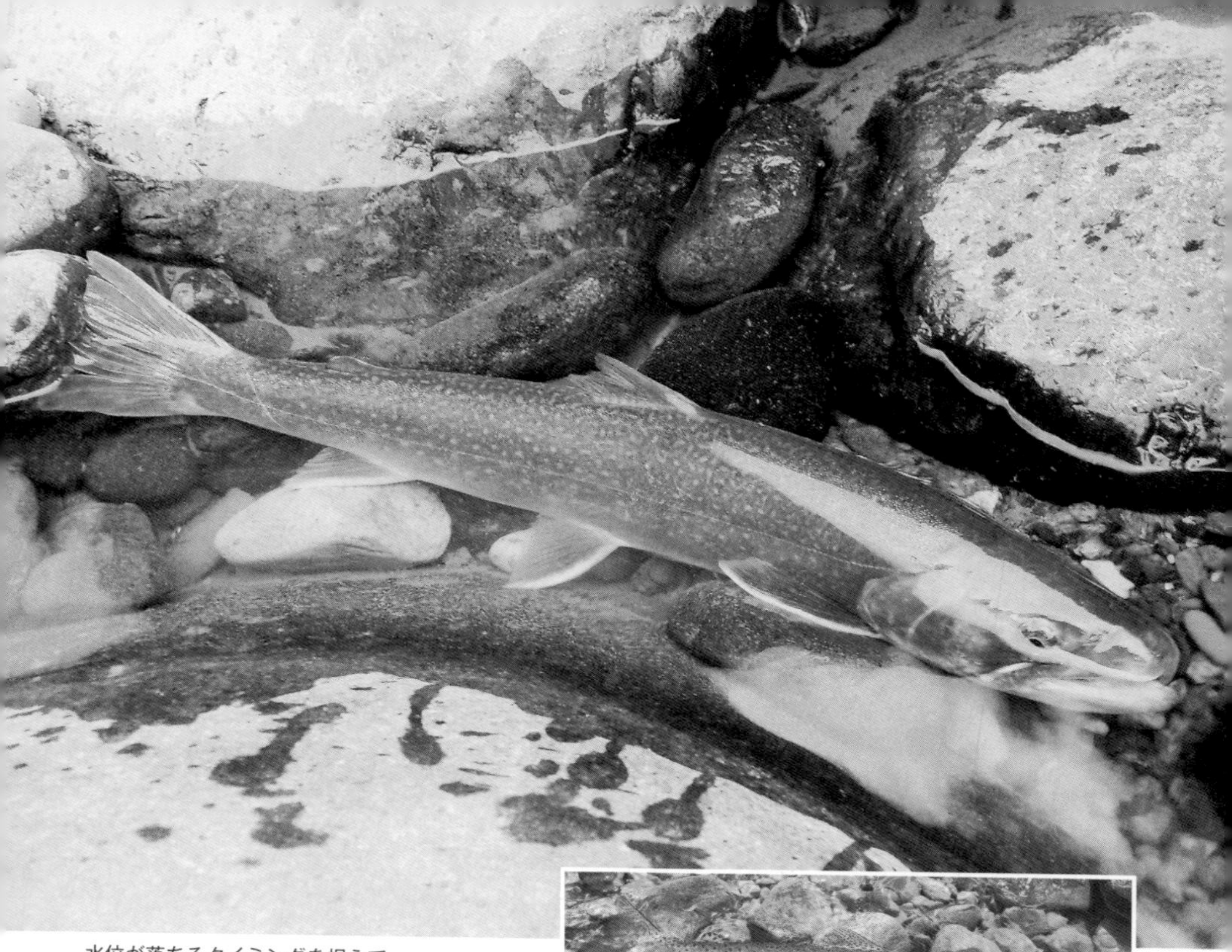

水位が落ちるタイミングを捉えて
出会えたイワナ51㎝

ヒレピンで40㎝を超える
ニジマスが掛かることも

えたヒスイ峡の周辺でヤマメが釣れる。型は大きくないが、ヒスイ色を映したかのような淡い色彩が印象的な魚だ。またヒスイ峡から眺める明星山の大岩壁は圧巻で、巨大魚伝説のある高浪の池も近い。釣りだけではなく観光も楽しめる。

上流に延びる車道はゲートからの長い歩きになるが、歩いた先にはイワナの姿がある。なお19年春に源流部から天然アスベストが流入し強い白濁が続いたが、年を越して落ち着いてきた。また真夏の一時、小滝川はアブが大発生する。近づかないほうが無難だ。

エサ釣りの場合、サオは姫川本流を釣るなら7～8m、支流は5～6m。エサは早期にブドウ虫やキンパクが効くほかは、ミミズで充分だ。仕掛けは本流で0・4～0・6号。支流は0・3号が標準的。

なお小滝川合流点上下１００ｍ、黒部川電力第6発電所堰堤上下２００ｍなど禁漁区がある。漁協ＨＰ等で入渓前に確認してほしい。（高橋）

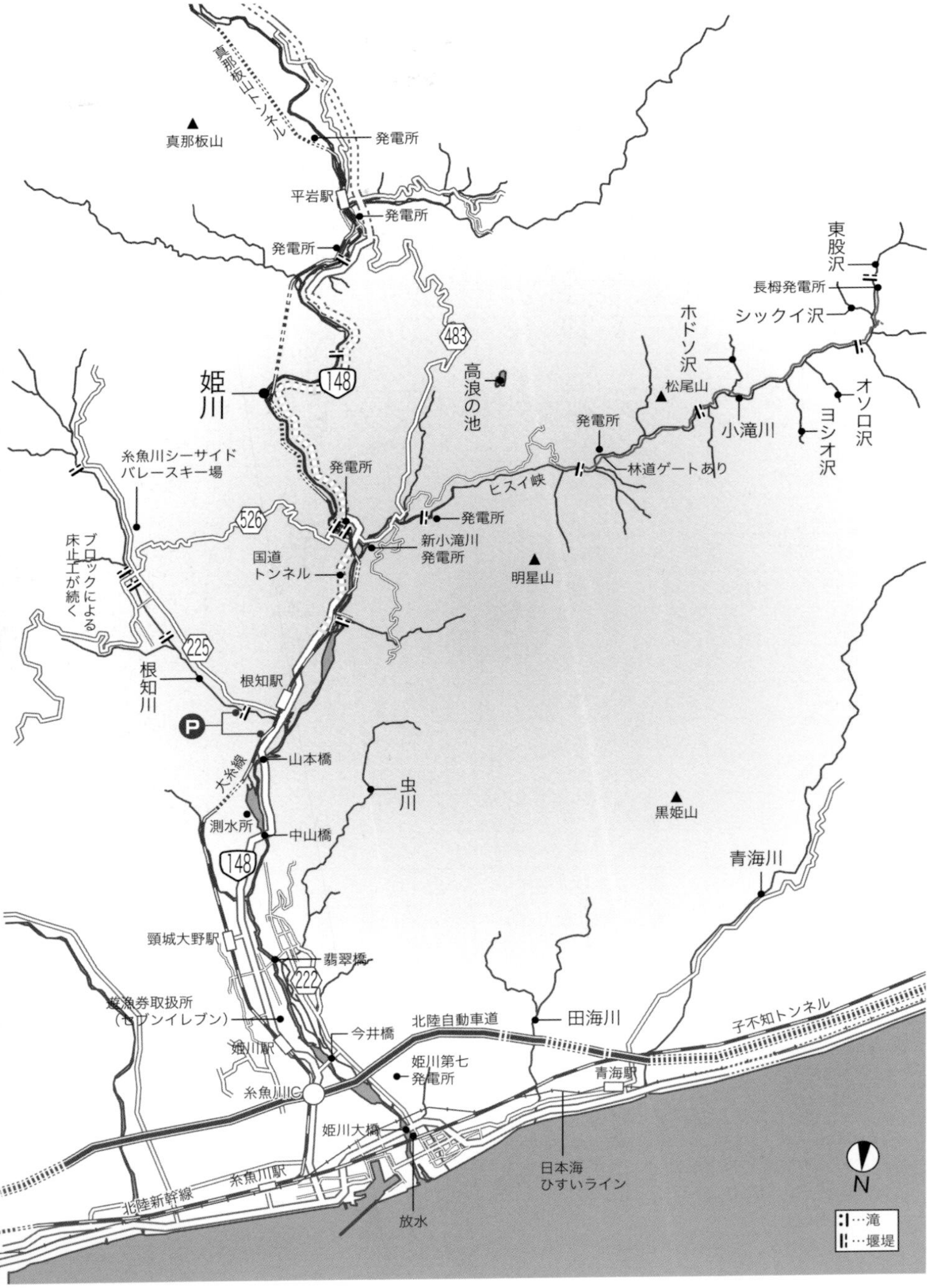
真那板山トンネル
発電所
真那板山
平岩駅
発電所
発電所
東股沢
長栂発電所
シックイ沢
ホドソ沢
483
148
姫川
高浪の池
松尾山
オソロ沢
小滝川
ヨシオ沢
発電所
林道ゲートあり
糸魚川シーサイドバレースキー場
発電所
ヒスイ峡
発電所
526
新小滝川発電所
ブロックによる床止工が続く
国道トンネル
明星山
225
根知川
根知駅
P
大糸線
山本橋
虫川
測水所
黒姫山
中山橋
148
青海川
頸城大野駅
翡翠橋
222
遊漁券取扱所（セブンイレブン）
田海川
北陸自動車道
子不知トンネル
今井橋
姫川駅
姫川第七発電所
青海駅
糸魚川IC
姫川大橋
糸魚川駅
日本海ひすいライン
N
北陸新幹線
放水
…滝
…堰堤

令和版 山形・新潟「いい川」渓流ヤマメ・イワナ釣り場

掲載河川情報一覧（2020年度）

河川名	漁協名	TEL	解禁日
●山形県			
角川	最北中部漁業協同組合	0233-22-1176	4月1日～9月30日
鹿の沢川	同　上	同　上	4月1日～9月30日
長倉川	同　上	同　上	4月1日～9月30日
濁沢川	最上漁業協同組合	0233-62-2078	4月1日～9月30日
泉田川	最北中部漁業協同組合	0233-22-1176	4月1日～9月30日
朝日川	最上川第一漁業協同組合	0237-67-2207	4月1日～9月30日
野川（置賜野川）	西置賜漁業協同組合	0238-85-0067	4月1日～9月30日
白川（置賜白川）	同　上	同　上	4月1日～9月30日
大樽川	県南漁業協同組合	0238-21-7884	4月1日～9月30日
小樽川	同　上	同　上	4月1日～9月30日
東大鳥川	赤川漁業協同組合	0235-22-2077	4月1日～9月30日
東沢	同　上	同　上	4月1日～9月30日
湯井俣川	同　上	同　上	4月1日～9月30日
八久和川	同　上	同　上	4月1日～9月30日
荒川	小国町漁業協同組合	0238-87-1944	4月1日～9月30日
金目川	同　上	同　上	4月1日～9月30日
横川	同　上	同　上	4月1日～9月30日
●新潟県			
泥又川	三面川鮭産漁業協同組合	0254-52-3758	3月16日～9月30日
西俣川	荒川漁業協同組合	0254-62-1163	4月1日～9月30日
胎内川	胎内漁業協同組合	0254-47-3122	3月1日～9月30日
加治川	加治川漁業協同組合	0254-33-3108	3月1日～9月30日
清津川	中魚沼漁業協同組合	025-763-3012	3月1日～9月30日
釜川	同　上	同　上	3月1日～9月30日
府屋大川	大川漁業協同組合	0254-62-7120	3月1日～9月30日
勝木川	同　上	同　上	3月1日～9月30日
能生川	能生内水面漁業協同組合	025-566-4854	3月1日～9月30日
早川	糸魚川内水面漁業協同組合	025-552-7828	3月1日～9月30日
海川	同　上	同　上	3月1日～9月30日
姫川	同　上	同　上	3月1日～9月30日

●執筆者プロフィール（50 音順）

大山勝五
福島県在住。渓流釣り歴50年。渓魚酔代表。源流釣りがモットー。春は山菜、秋は茸。焚き火を前に酒を呑む泊り釣行大好きオジン。

岡部勝明
岩手県在住。17 歳の頃より渓流釣りを経験し、釣り歴 40 年以上。エサ釣りをメインに、テンカラ、ルアー釣りもこなす。現在は源流のイワナ釣りガイドとして『渓の夢企画』を創設。

曽野部勝啓
山形県在住。釣り歴 25 年。根がかりクラブ所属。主に朝日山系の源流イワナ、里川のヤマメに癒しの釣りを求めている。

高橋宗久
新潟県在住。渓流釣り歴 33 年。海との繋がりが保たれた川には渓魚の自然な営みが残っていると感じ、そうした川を開拓していくのが楽しみ。

曳地弘成
福島県在住。FF 歴 27 年。最近は3月の鬼怒川のマッチ・ザ・ハッチからはじまり、福島、山形、新潟の渓流や源流を中心に釣行。シーズン中はドライフライ・オンリーで大型のイワナ、ヤマメをねらっている。特にサイトフィッシングが好きで、大型を見つけた時のドキドキ感と緊張感が病みつきに。WILD-1 郡山店副店長兼フィッシングアドバイザー。

矢作賢志
山形県在住。渓流釣り歴 31 年。幼少の頃より始めたフライフィッシングをメインにエサ釣り、ルアーフィッシングなどさまざまなスタイルで魚との出会いを楽しむ。「楽しみを与えてくれる魚に釣り人は超絶感謝ですね」。

我妻徳雄
山形県在住。幼少の頃から川に親しみ、源流から渓流、本流、そしてテンカラ、FF もこなす。春は山菜、秋はキノコと自然を楽しむ。

令和版《れいわばん》　山形《やまがた》・新潟《にいがた》「いい川《かわ》」渓流《けいりゅう》ヤマメ・イワナ釣《つ》り場《ば》
2021年4月1日発行

編　者　つり人社書籍編集部
発行者　山根和明
発行所　株式会社つり人社

〒101－8408　東京都千代田区神田神保町1－30－13
TEL 03－3294－0781（営業部）
TEL 03－3294－0766（編集部）
印刷・製本　図書印刷株式会社

つり人社ホームページ　https://tsuribito.co.jp/
つり人オンライン https://web.tsuribito.co.jp/
釣り人道具店　http://tsuribito-dougu.com/
つり人チャンネル（You Tube）
https://www.youtube.com/channel/UCOsyeHNb_Y2VOHqEiV-6dGQ

乱丁、落丁などありましたらお取り替えいたします。

ISBN978-4-86447-368-2 C2075